네트워크를 시작하는 자 이 책을 잡아라

네트워크를 시작하는 자 이 책을 잡아라

초판 1쇄 인쇄 2012년 08월 31일
초판 1쇄 발행 2012년 09월 10일

지은이 | 이현종
펴낸이 | 손형국
펴낸곳 | (주)에세이퍼블리싱
출판등록 | 2004. 12. 1(제2011-77호)
주소 | 153-786 서울시 금천구 가산동 371-28 우림라이온스밸리 C동 101호
홈페이지 | www.book.co.kr
전화번호 | (02)2026-5777
팩스 | (02)2026-5747

ISBN 978-89-6023-966-1 13560

이 책의 판권은 지은이와 (주)에세이퍼블리싱에 있습니다.
내용의 일부와 전부를 무단 전재하거나 복제를 금합니다.

네트워크를 시작하는 자 이 책을 잡아라

part 1

Lee Hyun Jong

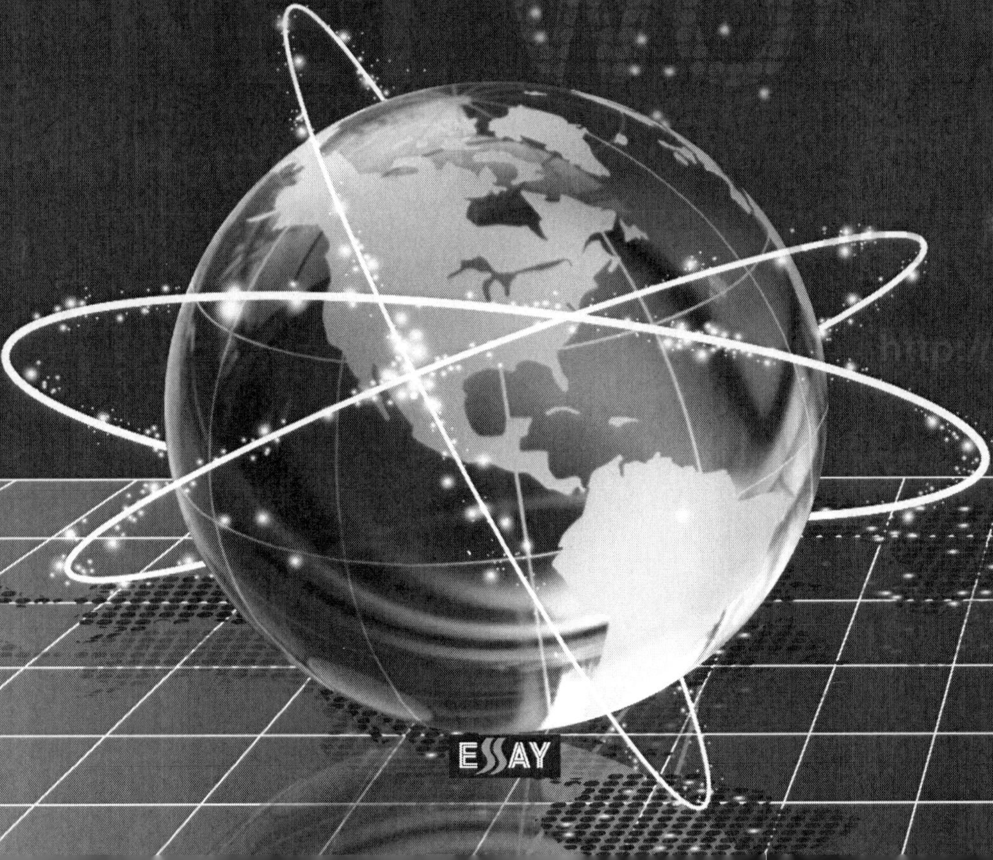

ESSAY

CONTENTS

Chapter 1 시작하기에 앞서 알아야 할 것들 · 09

1-1 서적들에 대한 간략한 소개 ······ 14
1-2 도움을 얻을 수 있는 네트워크 커뮤니티 ······ 29

Chapter 2 나의 능력을 보여줄 수 있는 자격증 · 37

2-1 시스코와 주니퍼 ······ 39
2-2 시스코 자격증 ······ 42
2-3 주니퍼 자격증 ······ 63
2-4 덤프에 대한 오해 ······ 68

Chapter 3 라우터와 스위치 · 73

3-1 Hub(허브) ······ 75
3-2 Switch(스위치) ······ 78
3-3 Router(라우터) ······ 81
3-4 하나의 네트워크에서 ······ 84

Chapter 4 · 네트워크 개념과 간단한 TCP/IP &OSI 계층 풀이 · 89

- 4-1 네트워크의 3가지 종류 ········· 91
- 4-2 TCP/IP 4계층 ········· 94
- 4-3 OSI 7계층 ········· 100
- 4-4 아이피 주소 ········· 108
- 4-5 서브넷 마스크 ········· 121

Chapter 5 · 프로토콜 별 차이 및 종류 · 131

- 5-1 정적 & 동적 경로 ········· 132
- 5-2 라우팅 테이블 프로토콜 ········· 135
- 5-3 EIGRP ········· 144
- 5-4 RIPv1과 RIPv2 ········· 153
- 5-5 OSPF ········· 158
- 5-6 BGP ········· 168

Chapter 6 다이나밉스 준비 · 173

- 6-1 다이나밉스 설치 ·········· 177
- 6-2 다이나밉스 예제 파일 설명 ·········· 184
- 6-3 다이나밉스 3routers 예제 준비 ·········· 188
- 6-4 SecureCRT ·········· 200
- 6-5 9routers 넷파일 구성해 보기 ·········· 205

Chapter 7 다이나밉스 3routers 실습 · 229

- 7-1 라우터 기본 설정 ·········· 234
- 7-2 Static Route(정적 경로) 설정 ·········· 241
- 7-3 간단한 EIGRP 설정 ·········· 246
- 7-4 간단한 RIPV2 설정 ·········· 252
- 7-5 간단한 OSPF 실습 ·········· 255

Chapter 8 골목길 이야기 · 261

- 8-1　CCDE와 CCAr ··· 262
- 8-2　미래 시장 ··· 266
- 8-3　한국 VS 해외 ··· 269
- 8-4　저자가 톡 까놓고 하는 말 ··· 271

Chapter 9 부록 · 273

- 9-1　서브넷팅 문제 해설 ··· 274
- 9-2　9routers_4switches 넷파일 맵핑 ··· 275
- 9-3　14routers 넷파일 맵핑 ··· 280

Chapter 1

시작하기에 앞서 알아야 할 것들

챕터 제목이 다소 거창한가요? 그렇게 느끼셨다면 죄송합니다. 하지만, 나중에 현역에서 일을 하시다 보면 이 챕터를 읽으신 분과 안 읽으신 분들의 차이는 거대할 것입니다. (Believe or not!)

1. 영어 (English)

토익, 탭스, 토플, 아이엘츠 등등 수많은 영어 인증 시험들이 한국에서 시행되고 있습니다. 대학생들의 스펙을 위해서 또는 해외 취업을 위해서 하기 싫어도 해야 되는 것 중 하나가 되어버렸죠. 네트워크를 시작하는 초보자 분들이 많은 오해를 하십니다. 그중 하나가 바로 영어가 필요 없다는 오해이죠. 물론 시작하는 단계에서는 영어가 필요 없다고 볼 수도 있습니다. 대부분의 서적이 한글로 나오기 때문이죠.

하지만 어느 정도 단계 (CCNP 정도)부터는 영어는 피할 수 없는 운명이 되어버립니다. 피하지 못하면 즐기라는 말처럼, 영어는 컴퓨터 또는 네트워크 공부를 하면서 정말 필요한 언어입니다. 컨피그레이션(configuration)을 할 때도 영어로 해야 하며, 전문 문서를 읽을 때도 영어이며 하다 못해 자격증 시험도 CCNP부터는 영어로 시행됩니다.

실제 예로, 제가 CCIE를 준비할 때도 전문적 지식은 풍부하나 영어의 벽을 넘지 못하여 떨어진 분이 있으며 해외 취업에서 좋은 딜을 받았지만 비즈니스 영어가 안 되어 취업을 못 하신 분도 많이 뵈었습니다.

영어는 하루아침에 되는 것이 아닙니다. 그렇다고 평생을 해도 안 되는 것이 아닙니다. 하루에 몇 단어 하루에 몇 분의 영어에 대한 투자가 나중에 가서는 많은 기회를 줄 것입니다. 또한, 제2 언어를 현지인처럼 말하는 것은 불가능합니다. 최소한의 읽고 쓰는 능력과 말하기 듣기 정도만 갖춘다면 보다 많은 기회를 찾을 수 있을 것입니다.

많은 대학생들이 흔히 말하는 스펙 용으로 일년간 해외 어학 연수를 갔다 오지만 기업 입장에서는 그러한 보여주기 식 스펙보다는 지원자의 실제 능력을 원합니다. 그러므로 네트워크를 시작하는 순간부터 시작해야 될 게 영어입니다.

2. 열정 (Passion)

얼마 전 S 모 대기업의 네트워크 부장님과 이야기를 나눈 적이 있습니다. 한국의 여대생들은 뽑을 때는 회사를 위하여 인생을 바칠 것처럼 이야기를 하지만 입사 후에는 핸드폰으로 수다를 떠는 데만 열중한다고 하더군요. 물론 안 그러신 분들도 있지만, 많은 분들이 회사는 월급만 타러 가는 곳이며 시간에 맞춰서 출퇴근만 하면 된다고 생각합니다.

네트워크 세계에 들어오신 이상 더 이상의 그런 생각은 금물입니다. 모든 나의 열정, 젊음, 패기를 쏟아야 되는 곳이 네트워크입니다. 하루에도 수십 개의 제품이 쏟아지며 급변하는 시장입니다. 열정 없이는 일할 수 없는 곳이며 재미를 느끼지 않으면 금방 지치는 직업입니다. 설사, 이직을 할 때도 그동안의 프로젝트와 열정을 가장 중요 요소로 여기며 그렇지 아니한 자와 그런 자는 큰 연봉 차가 있습니다.

3. 책 (The bible of network)

네트워크를 포함한 실무직의 경우는 대부분 책에 의존을 많이 하게 됩니다. 아인슈타인이 이렇게 말했다고 합니다.

"Why should I memorize something I can so easily get from a book?"

"책에서 쉽게 찾을 수 있는 걸 왜 외워야 되지?" 현존하였던 최고의 물리학자가 한 말이라고는 믿기지 않을 만한 명언입니다. 다들 중·고등학교 때 복잡한 물리 방정식 등을 암기한 경험이 있을 것입니다. 아무리 많은 시간을 투자하여 외우고 관련 직업에서 일한다고 하여도 자주 쓰이는 것을 제외하고는 대부분 기억하지 못합니다. 네트워크에서도 마찬가지입니다. 정말 자주 쓰이는 것을 제외하고는 시험을 위해서만 외우게 됩니다. 그렇다 보니 네트워커에게는 책은 정말 성경과 같은 존재가 됩니다. 가령 QoS에서 각 프로토콜의 큐 값을 기억하는 사람은 전 세계에서 한두 명밖에 없을 겁니다. 결국 실전에서

일을 하나 공부를 하나 책을 끼고 사는 생활을 하게 됩니다. 많이들 책값에 쓰는 돈을 아까워하시지만 나중에 계속 쓸 것을 생각하면 남는 장사입니다.

다시 말하여, 책에 대한 투자는 나에 대한 투자이고 결국은 나 자신의 가치를 올리는 일이 됩니다. 일례로 저의 경우는 방 한쪽 전체가 아직도 네트워크 책으로 꽉 차 있습니다. 물론 시스코에서 나오는 Self-Study나 다른 하드커버 책의 경우 최소 5만 원에서 최대 12만 원까지 가격이 부담이 됩니다. 그래서 저를 포함한 많은 분들이 PDF 파일을 구하여 보관하거나 또는 인터넷에서 다른 분들이 저술한 자료를 모아놓습니다.

하다 못해 라우터 초기화도 일 년에 한 번 할까 말까 하니 결과적으로는 그러한 기술 자료를 모아놓는 게 좋습니다. 하나의 팁을 알려드리자면, 요즘 N드라이브, Daum 클라우드, 구글 드라이브 등 클라우딩 스토리지가 많이 나와 있습니다. 예전에는 이러한 서비스가 비싸기도 하고 다운받을 때 속도의 한계점 때문에 많이들 외장 하드를 소지하고 다녔지만 이제는 해당 클라우딩 스토리지에 저장하고 항상 원하는 장소에서 기술 문서를 꺼내 쓰실 수 있습니다.

1-1 서적들에 대한 간략한 소개

제가 네트워크를 시작할 때는 시스코 공인 서적인 Self-Study와 학원에서 나오는 책이 다였지만 최근에는 한국에서도 좋은 네트워크 서적이 많이 출판되어 많은 도움을 주고 있습니다. 하지만 인터넷에 올라오는 질문을 분석한 결과 대부분의 초보자 분들이 "어떤 네트워크 책이 시작하기 좋나요?" 라는 질문을 하여서 그에 대한 솔루션으로 해당 장을 서술합니다.

어쩌면 제가 책에 대해 논할 수 있을 정도는 안 될 것입니다. 다만, 초보자였던 자가 초보자의 심정을 가장 잘 아는 것처럼 저도 제가 힘들었던 부분을 간소화시켜 준 책들에 대하여 소개하고 각각의 단계에 맞는 책을 소개하고자 합니다. 경제학에 '기회비용'이라는 것이 있습니다. 한정된 시간 안에 최고의 결과를 얻게 해주는 게 '기회비용'입니다. 이처럼 공부할 때 시간을 낭비하지 않고 단기간 안에 가장 많은 지식을 얻는다면 이상적인 방법일 것입니다. 지금부터 소개할 단계적인 공부 방법과 책을 잘 이용만 하신다면 일 년 안에 전문가에 걸맞은 지식을 습득하실 수 있을 것입니다.

1. 기본 단계 (=CCNA)

한 권으로 끝내는 IP 라우팅

저자: 피터 전
출판사: 네버스탑
정가: 32,000 원
범위: RIP, EIGRP, OSPF, 정적 경로, BGP
ISBN: 9788997030026
페이지: 875

네트워크에 종사하시는 분들께 여쭈어 보면 가장 먼저 권하는 책입니다. 대한민국 네트워크의 대가 피터 전 선생님이 집필한 책으로 셀프 스터디같이 이론을 다루는 책보다 좀 더 깊이 있게 실습에 위주를 둔 책입니다. 총 9장으로 이루어져 있으며, 개정 3판에서는 BGP에 대하여 좀 더 깊이 있게 다룹니다. 다만 900페이지에 육박하는 무거운 무게로 인하여 가지고 다니면서 읽기보다는 사무실 또는 집에서 컴퓨터를 놓고 실습하면서 읽으시면 가장 알맞은 책입니다.

여담으로 피터 전 선생님께서 운동을 따로 시간 내서 하지 못하는 네트워커들을 위하여 1.2Kg 의 아령 겸 책으로 사용하도록 배려하셨다는 말도 있습니다. CCNA부터 CCNP 정도의 단계에 해당하는 책으로 저 또한 이 책으로 공부하였습니다. 각 예제 별로 해당 원리의 구동 방법을 직접 확인할 수 있게 서술되어 있으며 쉽고 이해가 빠르게 되어 있습니다. 다만, 해당 예제를 실습하기 위하여는 다이나밉스 또는 다른 이뮬레이터를 필요로 하며 이는 뒤의 챕터 7에서 간단한 구동 방법에 대하여 서술되어 있으므로 걱정하지 않으셔도 됩니다.

후니의 쉽게 쓴 시스코 네트워킹

저자: 진강훈
출판사: 사이버출판사
정가: 32,000 원
범위: 네트워크, 무선, IPv4, IPv6, TCP/
ISBN: 9788955982466
페이지: 776

현재 시스코 코리아에 근무하시는 진강훈(후니) 님이 쓴 책입니다. 시스코 네트워킹에 대하여 쉽고 자세히 서술되어 있습니다. 실습보다는 이론에 기준을 둔 책으로서 많은 고등학생 또는 대학생 1,2학년들이 선택하고 있는 책입니다. 인터넷에 이론부터 시작하여 라우팅, 스위치 등을 다루고 있으며 현업에 종사하시는 분들에게는 다소 쉬운 책입니다.

또한 800페이지에 육박하는 육중(?)한 무게로 인하여 갖고 다니면서 읽기에도 무리가 있지만 집에서 시간이 날 때 한번 읽어 보시거나 네트워크에 완벽한 초보자 분들에게 알맞은 책입니다. 저자 분은 현재 café.naver.com/hoonycafe를 운영 중이시며 시스코에 관하여 많은 질문을 답해 주십니다. 시스코 취업을 목표로 삼고 계신다면 한번 카페를 방문하셔서 저자 분이랑 말씀을 나누어 보면 도움이 될 것입니다.

CCNA ICND 1&2 Authorized Self-Study Guide

저자: 스티븐 맥커리
출판사: CISCO Press
정가: 27,000 원
범위: 소규모 네트워크, 무선 LAN, WAN, 네트워크 환경관리
ISBN: 9788945077165
페이지: 559

저자: 스티븐 맥커리
출판사: 피어슨에듀케이션코리아
정가: 27,000 원
범위: 중간 규모 네트워크, OSPF, ACL, EIGRP, IPv6
ISBN: 9788945077172
페이지: 443

시스코에서 나온 셀프 스터디 ICND 1, 2입니다. 1과 2를 합쳐 총 1,000페이지에 육박하며, 다소 초보자가 공부하기에는 버거운 책입니다. 주로 이론에 기초하여 서술되어 있으며 또한 영문판을 번역하는 과정에서 오역이 많이 되어 있습니다.

Point-to-Point가 '점대점'이라고 번역되어 있으며 그 외 다른 오역이 많습니다. 그러므로 영어로 읽으실 수 있다면 영문판을 읽으실 것을 권하며 주로 학교나 학원에서 교재로 사용됩니다. 초보자 스터디용으로 권장되지 않습니다. 다만 CCNA를 공부하시거나 현역에서 일하신다면 한 권쯤은 구매하여 공부하다 모르는 게 생기면 펼쳐 보실 것을 권합니다.

랜 스위칭 I

저자: 피터전
출판사: 네버스탑
정가: 28,000 원
범위: LAN, HSRP, STP, 및 스위치 고급 기술
ISBN: 9788995325575
페이지: 437

IP 라우팅의 저자이신 피터 전 선생님이 쓰신 책으로서 IP 라우팅

과는 다르게 스위치의 작동 원리와 VLAN 등에 대하여 실습 위주로 쓰인 책입니다. 어떻게 보면 스위칭이라는 복잡한 기술에 가장 쉽게 접근하게끔 하여주는 책입니다.

랜 스위칭은 1권과 2권, 총 2권으로 나뉘어 있습니다. 1권에서는 전반적인 스위칭의 구동 원리와 그에 관련한 기능이 서술되어 있습니다. 2권은 CCNP 수준으로 CCNA가 읽기에는 다소 버거운 감이 있습니다.

다이나밉스

저자: 진강훈
출판사: 사이버출판사
정가: 32,000 원
범위: 네트워크, 무선, IPv4, IPv6, TCP/
ISBN: 9788955982466
페이지: 776

IP 라우팅의 저자신 피터 전 선생님께서 집필하신 책입니다. 다이나밉스는 CCNA 공부용은 아니지만 CCNP까지 생각하고 계신 분들께 다이나밉스를 사용한 실습에서 좀 더 나은 실습 환경을 위해서 적합합니다. 한 권 갖고 계시면 나중에 실습 환경에서 또는 트러블슈팅 시에 많은 도움이 됩니다.

스터디 플랜

학생일 경우

컴퓨터 공학과 또는 필드에 있는 경우

2. 전문가 단계 (=CCNP)

앞 페이지의 단계를 거쳐 기본 단계에 해당하는 지식을 완벽히 습득하였다면 어렵지 않게 해당 단계를 자습하실 수 있을 것입니다. 다만 다이나밉스를 완벽하게 다루지 않는다면 챕터 6을 읽으시거나 다이나밉스(저자: 피터 전) 책을 구매하여 읽으시길 권해 드립니다.

↘ 랜 스위칭 2

저자: 피터전
출판사: 네버스탑
정가: 28,000 원
범위: IPv4 L3 스위칭, FHRP, 멀티캐스팅, 스위치 보안
802.1X 인증, DHCP 설정 및 보안, QoS, SPAN, VSS
ISBN: 9788995325575
페이지: 437

앞서 말씀 드린 랜 스위칭 1의 후속인 랜 스위칭 2입니다. 저자는 같은 분이며 1에서는 전반적인 스위치 개념을 다루었다면 2에서는 IPv6의 L3 라우팅과 멀티캐스팅 등 CCNP 스위치 시험에 필요한 지식을 다룹니다.

↘ CCNP ROUTE 642-902 Official Certification Guide

저자: Odom, Wendell
출판사: Cisco Press
정가: 83,510 원
범위: OSPF, EIGRP, RIPv2, ACL, IGP, BGP,
      IPv4, IPv6 및 CCNA ROUTE 시험 범위
ISBN: 9781587202537
페이지: 768

앞 장의 CCNA self-study처럼 CCNP 시험을 위한 전문 서적입니다.

시스코 시스템즈의 자회사인 시스코 프레스에서 출판한 책으로서, CCNP Route 시험에 대비하여 필요한 기술을 서술하고 있습니다. 주로 이론적으로 서술되어 있으며 실습은 책에 저자가 해놓으신 예제를 보면서 공부하시면 됩니다. 다만, 실습을 원하시는 분에게는 추천하지 않습니다. 또한, 하드 카피로 되어 있다 보니 노트북과 책을 동시에 들고 다니면서 공부하기에는 조금 어려움이 많습니다.

CCNP SWITCH 642-813 Official Certification Guide

저자: Hucaby, David
출판사: Cisco Press
정가: 83,510원
범위: VLANs, trunk, VTP, STP, Switch Security, Redundancy
ISBN: 9781587202438
페이지: 504

이론 위주이며 코맨드에 대한 설명이 주를 이루고 있지만, 깊이 있는 기술적인 부분에 대해서는 다루지 않습니다. 주로 CCNP Switch 시험에서 나오는 부분만 커버하고 있으며 시스코 라우터에서만 작동하는 기술에 대해서 설명합니다.

CCNP TSHOOT 642-832 Official Certification Guide

저자: Wallace, Kevin
출판사: Cisco Press
정가: 83,510원
범위: Cisco IOS Troubleshooting, Route redistribution
      Troubleshooting BGP, OSPF, 와 EIGRP
ISBN: 9781587058448
페이지: 552

CCNP 준비하시는 분이라면 한 권쯤 구매하셔도 후회 없으신 책입니다. 가격이 다소 다른 책보다는 비싸지만, 비싼 만큼 알맹이만 모아져 있는 책입니다. TShoot는 트러블 슈팅의 약자로서 다음 장에서 설명하는 CCNP 자격증 시험의 일부분인 시험입니다. 앞의 두 교재는 다른 책으로도 커버가 가능하지만, 트러블 슈팅의 경우 시스코에서 원하는 문제가 정해져 있으므로 해당 교재에서 커버하는 내용을 가지고 공부하시면 큰 도움이 됩니다.

여담으로, 제가 CCNP를 시험 본 2008년까지는 TShoot가 모든 과목에 몇 문제씩 있었습니다. 지금은 TShoot를 따로 분리해놓은 상태지만, TShoot 책을 제외하고는 CCNP 셀프 스터디 구판과 동일한 내용을 다루므로, CCNP 책은 꼭 최신판을 구매하실 필요는 없습니다.(A penny saved is a penny earned!)

스터디 플랜

랜 스위칭 2 → CCNP 셀프 스터디 → TSHoot

> **TIP**
>
>
>
> ### 와이어샤크를 활용한 실전 패킷 분석
>
> 외국 서적을 한국어로 번역해놓은 책이긴 하지만, 의외로(?) 제대로 번역되어 있습니다. 네트워크에서는 와이어샤크라는 패킷 분석 프로그램이 가장 많이 사용됩니다. 오류가 나거나 또는 장애 발생 시 가장 편하게 알 수 있는 방법이 패킷을 분석하여 원인을 찾아내는 방법입니다. 와이어샤크는 그런 방면에서 가장 효율적으로 패킷을 잡아주며, 차후 배울 다이나믹스에서도 연동하여 실습 시 패킷을 보실 수 있습니다.
>
>
>
> ### Data Communication
>
> 미국인 한 분과 한국인 두 분이 공동 집필한 책입니다. 다소 교과서같이 딱딱한 부분이 많지만, 정석(?)대로 설명합니다. 수학의 정석같이 이론을 충실히 다져주는 책이라고 생각합니다. 크기도 크지 않아 휴대하고 틈틈이 읽으시면 도움이 많이 될 것입니다. 특히 OSI Layer와 WLAN 등 약간은 오래된 기술이지만 다른 책에서는 다루지 않는 내용이기 때문에 한번 훑어보시면 도움이 될 것입니다.

3. 숙련가 단계 (=CCIE)

숙련가, 영어로는 Expert 단계에 오게 되면, 이제 어느 정도 서적에 대해서는 완벽하게 습득이 되셨을 것이라 믿습니다. 그래도 한 번은 짚고 넘어가는 차원에서 정리하여 보겠습니다. 숙련가 단계가 되려면 보통 시스코에서 권장하는 기간은 7년 + α 정도로 잡습니다. 그만큼 오랜 시간 공부하고 경험이 많아야 합니다. 하지만 김치만큼 성격 급한 대부분의 우리 한국 사람들은 대략 3년 정도면 숙련가 단계에 걸맞은 지식을 습득합니다.

네트워크 이론과 해킹 기법

저자: 황석훈
출판사: 혜지원
정가: 24,000원
범위: 보안 정책, 프로토콜과 서비스, 네트워크, 보안 기술
ISBN: 8983792671
페이지: 776

네트워크 이론과 해킹 기법…… 뭔가 대단한 책 같지만 실질적으로 네트워크에 대한 컨셉트를 이론적으로 잘 설명해 놓은 책입니다. 혹시 아실 분이 있으실지 모르겠지만, 제가 지금까지 추천해 드린 책 중에서 나온 지 7년 이상 된 책은 전무하였습니다. 다만 해

당 책은 네트워크에서 사용되는 각종 기법 및 패킷의 이론적인 설명이 너무나도 잘 되어 있기 때문에 추천합니다. 전문가 단계 정도까지는 어느 정도의 상세한 이론 부분을 약간은 무시(?)하고 가도 된다고 하지만, 숙련가 단계에 올라오게 되면 디버깅 및 다른 장애 해결 시 패킷의 상세한 운용 원리를 알아야지만 대처가 가능하기에 Back to the Basic이라는 말처럼 초심으로 돌아가서 패킷의 원리를 다시 한 번 상세하게 훑고 가시는 것이 가장 좋습니다.

CCIE Routing and Switching Exam Certification Guide (Paperback / 4th Ed.)

저자: Odom, Wendell, Healy, Rus, Dononhue, Denise
출판사: Cisco Press
정가: 129,110원
범위: Layer 3 forwarding concepts, EIGRP, OSPF, BGP
QoS, Frame Relay, MPLS, IP multicast, IPv6
TS, Router and Switch Security
ISBN: 9781587059803
페이지: 1,200

뭐 애태여 설명할 수 없는 책입니다. CCIE 실기에 필요한 대부분의 내용을 담고 있으며, 다른 시스코 셀프스터디 책같이 페이지 수는 무려 1,200페이지에 육박합니다. 여담으로 말씀드리자면, 저도 CCIE 공부할 때 이 책을 가끔씩 펴보고는 하였는데 그 당시에는 3판이었습니다만, 정말 무겁습니다. 무슨 아령 5kg짜리 들고 다니는 느낌이 날 정도로 무겁습니다. 행여 CCIE를 공부하시는 분들은 갖고 다니면서 지하철에서 펴고 공부하기보다는 주말이나 저녁에 랩 공부하실 때 한 번씩 펴보셔서 돌려보시고 다시 책장에 넣어주시면 됩니다.

> **TIP**
>
> 말씀을 드릴까 말까 하다 말씀을 드립니다. 정가로 보게 되면 시스코 프레스 책은 정말로 비쌉니다. 물론 인터넷에서 구매할 경우 10~20% 정도 가격이 빠지지만 그렇다고 하여도 책 한 권에 5만 원 내지 10만 원은 너 합니다. 특히 저같이 단 천 원이라도 아쉬운 학생들의 경우는 정말로 비싼 책입니다. But! 하고자 하면 항상 방법이 있는 것처럼 해당 책들은 미국에서도 정가제로는 100달러가 넘는 책이지만, 미국 인터넷 서점 (아프리카 밀림 이름 같은) 곳에서 구매하시게 되면 많게는 50%, 적게는 30% 정도 돈을 세이브할 수 있습니다. 옛날에는 CCIE 몰에서 시스코 프레스 책은 많이 세일을 받았지만, 요즘은 해당이 안 됩니다. 그러므로 혹시 미국에 계시거나 외국에 계시는 분들에게 부탁하여 책을 받아보거나 요즘 유행하는 해외 대리 구매를 이용하시면 약간의 돈을 세이브하실 수 있습니다.

스터디 플랜

해당 스터디 플랜은 제가 CCIE R&S를 공부하였을 때의 플랜으로서, 개인마다 차이가 있을 수 있습니다.

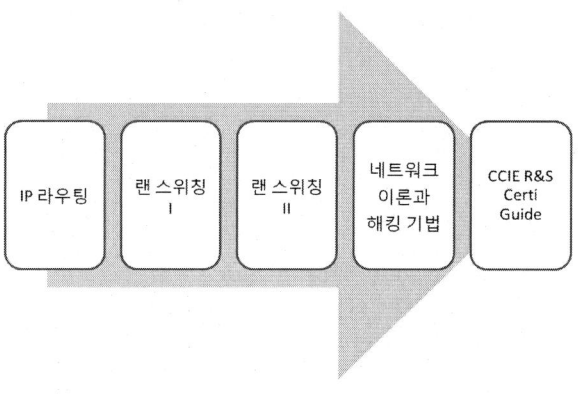

짚고가기

이 세상에 읽어서 나쁜 책이 어디 있겠는가마는 네트워크처럼 자고 일어나면 새로운 기술이 나오는 필드에서는 책의 업데이트(?)가 생명입니다. 앞서도 약간 말씀을 드렸지만, 네트워크 책은 가장 최근에 나온 책이 좋습니다. 물론 시험을 위해서 바뀌는 과정도 많고 해도 그렇지만 옛날에 나온 책은 주로 옛날 기술에 무게를 두어 서술하고 최근 책은 최근의 트랜드를 따라가면서 설명하기 때문입니다. 또한 몇 가지 옛날 책을 제외하고 대부분의 책들을 읽다 보면 더 이상 사용되지 않거나 또는 거의 쓸 일이 없는 잡다한(?) 기술을 서술하고 있습니다. 그러므로 가장 최신, 아니면 되도록 2008년 이후에 나온 책을 최대한 권해 드립니다.

1-2 도움을 얻을 수 있는 네트워크 커뮤니티

솔직히 요번 섹션을 꼭 써야 되나, 하는 혼자만의 자책성(?) 의문이 많이 들었습니다. 다만 제가 처음에 네트워크라는 것을 시작할 때 혼자서의 엄청난 삽질로 인해서 버린 시간이 많았기에 네트워커들이 서로 모여 있는 초보자는 도움을 받고 전문가는 도움을 전해줄 수 있는 커뮤니티들을 소개해 드립니다. 커뮤니티라는 것이 사회와 같은 속성을 띠므로 정모도 많이 이루어지고, 캐리어에 도움이 되는 정보도 많습니다.

↘ 네트워크 전문가 따라잡기 (네전따)

주소: http://cafe.naver.com/neteg/

국내 최대의 네트워크 카페입니다. 주니퍼, HP 등 수많은 회사로부터 후원도 받고 연간 두 번 정도 컨퍼런스가 열리며 자주 정모가 열리는 활발한 활동을 자랑하는 커뮤니티입니다. 회원은 약 7만 명 정도이며 대다수의 네트워크 전문가가 활동 중입니다. 피터 전 선생님을 주축으로 카페가 이루어져 있으며 가끔씩 출몰하신다는 말도 있으니 한번 가입하여 활동해 보시기 바랍니다.

◢ 후니의 쉽게 쓰는 네트워크 이야기

주소: http://cafe.naver.com/hooneycafe

『후니의 쉽게 쓰는 시스코 네트워킹』의 저자이신 진강훈 님께서 운영하시는 커뮤니티입니다. 주로 시스코 네트워크 초보분들이 많이 모이시며 시스코 업무 관련 질문도 받아주시는 너그럽고 정 많은 커뮤니티입니다.

와룡의 네트워크

주소: http://cafe.naver.com/netsmaster

닉네임 '와룡'이라는 강사님이 운영하는 네트워크 커뮤니티입니다. 2012년 기준 이유는 불문이지만 커뮤니티 관리가 다소 잘 안 되고 있긴 합니다. 그래도 옛날에 서술해놓으신 와룡의 네트워크 강좌는 많은 도움이 됩니다.

↘ CON :: Community Of Networker

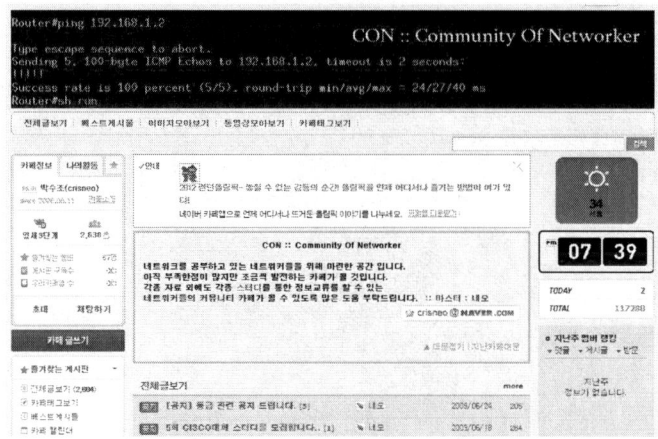

주소: http://cafe.naver.com/psjneo

네트워크 커뮤니티로서 2009년까지는 잘 관리되던 커뮤니티이지만 현재로서는 관리가 자주 이루어지지는 않는 곳입니다. 다만, 시스코 아카데미 학생들을 위한 시스코 네트워크 고등학생 대학생 대회를 위해서 아직도 많은 분들이 찾는 곳이며 옛날 자료도 많이 보관되어 있습니다.

◪ I am a Networker

주소: http://cafe.naver.com/ccnpp

활동은 잘 이루어지지 않지만 옛날에 좋은 자료가 많아 저도 자주 들렀던 커뮤니티입니다. 주로 CCNP나 CCIE 급 자료가 많으며 질문의 도움보다는 자료의 도움 때문에 더욱 많이 찾는 커뮤니티입니다. 루머(?)에 의하면 주니 님도 더블 CCIE로서 교육에 힘쓰시고 계신 분이라고 합니다.

호주 네트워커 모임(호네모)

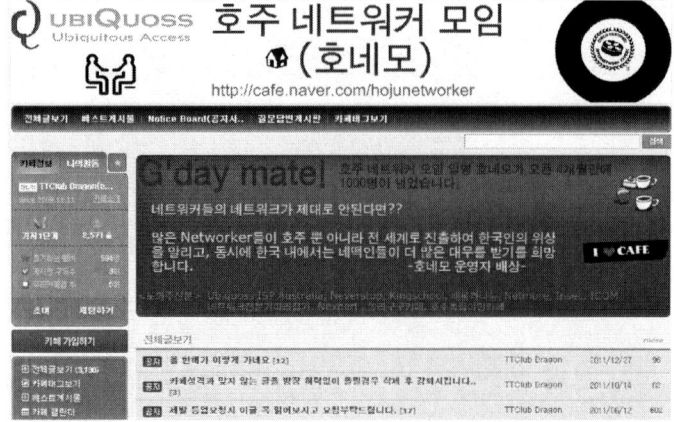

주소: http://cafe.naver.com/netsmaster

호주 네트워커 모임으로서 약간의 네전따의 파생성(?) 커뮤니티입니다. 주로 해외, 특히 호주에서 활동하시고 계신 분들이 모여 있으며 혹시 해외를 생각하시고 계신 분이라면 한번 말씀을 나눠보셔도 좋을 듯합니다. 또한 초창기에는 호주에서 IT 1세대를 이끄셨던 분도 활동하셨으니 많은 해외 정보를 습득하실 수 있으실 것입니다.

찬우PC 카페

주소: http://cafe.naver.com/0106441

닉네임 찬우PC, 본명 이찬우 씨가 운영하는 카페로서 주로 고등학생 대학생 및 초보자 분들이 활동하는 카페입니다. 아무래도 카페가 오래되지 않다 보니 자료가 많지는 않지만 그래도 리더인 찬우 씨가 많이 도와주므로 초창기에 많은 도움이 되는 카페일 것입니다. 여담으로 저도 가끔씩(?) 여기서 활동은 합니다.

여기까지가 대체적인 한국 커뮤니티였습니다. 아무래도 해외 또는 영문 커뮤니티보다는 한국 커뮤니티가 뭔가 더 친숙하고 다가가기 쉬울 것 같아 한국 커뮤니티를 주로 썼습니다. 다만 해외 커뮤니티는 블로그 http://blog.naver.com/leenetwork 에 링크되어 있습니다. 그럼 요번 챕터를 마무리하는 단계에서 앞 장의 카페들을 쭉 한 번 서핑해 보시고 다음 장을 읽어주시기 바랍니다.

알고가기

> 네트워크라는 것이 아무래도 초보자가 쉽게 접근하기는 어려운 부분인 것 같습니다. 그렇다 보니 포털에 네트워크 한번 쳐보시고 사전 조사가 없는 상태에서 바로 다음 날 ITXXXX와 같은 IT 학원을 찾아가십니다. 한 번이라도 가보신 분들은 아실 겁니다. "이 자격증만 있으면 취직이 100%예요." 또는 "우리 학원에서 내가 골라주는 과목만 듣고 가면 취직 꼭 시켜줄게요" 등 상술이 만무합니다. 그렇게 취직이 잘되면 자기가 취직해서 일하지 왜 학원에서 사람들을 홀릴까요? 말도 안 되는 소리입니다. 아마 어느 정도 공부한 상태에서 학원에서 온 사람을 만나면 지식이 참 겉돈다는 것을 아실 것입니다. 학원이라는 곳이 자고로 내가 모르는 부분을 보완하기 위해서 가는 곳이지 처음부터 아무것도 모르고 기초를 쌓아주세요, 하는 것은 미련한 짓입니다.
>
> 또한 IT 학원보다는 N학원, B학원, F학원 등 네트워크 전문 학원이 더 알맞습니다. 아무래도 네트워크 전문 학원은 장비도 많고 그리고 선배로부터 배울 것도 많기 때문에 일반 IT 학원보다는 네트워크에 대해서 좀 더 심도 있게 공부하실 수 있습니다. 제가 앞에서 추천 드린 책만 읽어도 CCNP까지는 혼자서 공부가 가능합니다. 정, 학원을 다니시려면 CCIE부터 다니시기 바랍니다.

Chapter 2

나의 능력을 보여줄 수 있는 자격증

자격증, 사전에 나온 정의를 보면, '일정한 자격을 인정하는 증서'라고 설명되어 있습니다. 세상에 자격증의 종류는 많습니다. 요양 자격증부터 건축자격증 등, 대부분의 사무직이 아닌 실무직 위주의 직업의 경우에는 자격증보다는 경력과 실력으로 평가하는 경우가 많습니다. 하지만, 그래도 자격증이 있다는 것을 중요시합니다. 간단히 말하자면, 자격증은 어느 정도 자격이 있는, 최소한의 '찬스(chance)'를 얻기 위한 하나의 티켓이라고 보면 됩니다.

현재 네트워크 자격증은 국가인증 자격증과, 회사에서 인정하는 세계자격증으로 주로 나누어집니다. 주로 네트워크 필드에서 자격증을 이야기할 때는 시스코(CISCO) 또는 주니퍼(Juniper) 자격증을 이야기한답니다. 물론, '네트워크 정비사' 같은 자격증도 있지만, 필드에서는 주로 시스코와 주니퍼 자격증을 원하며, 더 유용하게 사용가능하며 취득 시 더 많은 스킬들을 요구합니다. 요번 장에서는 시스코와 주니퍼의 각각 대표적인 자격증, 활용도가 높은 자격증을 설명해보도록 하겠습니다. 그전에 일단 각 회사에 대하여 알아보겠습니다. 금강산도 식후경!

2-1 시스코와 주니퍼

(출처 www.ciscosystems.com)

↘ Cisco Systems Inc.

Cisco systems는 1984년 San Francisco, CA에 위치한 Stanford University(스탠포드 대학)에서 컴퓨터 연구진으로 근무하던 Len Bosack(랜 보삭), Sandy Lerner(샌디 러너) 부부에 의해서 설립된 회사로서 현재 John T. Chambers(존 챔버스) 씨가 CEO이며 2012년 기준, 연 매출 43.2Billion Dollar, 즉, 한국 원화 가치로 약 45조 원의 매출을 올리고 있으며 전 세계에 71,825명의 직원을 둔 글로벌 기업입니다. 초창기에는 Router(라우터)와 Switch(스위치)를 주로 판매하였지만 현재는 각종 솔루션 및 수많은 컴퓨팅 하드웨어 또는 소프트웨어를 판매하고 있습니다. 사람들 간에 우스갯소리로 하는 말이 '시스코는 의자 빼고 다 판다'입니다. 그도 그럴 것이, WebEx라는 화상 회의 프로그램을 판매할 때 그에 맞는 책상까지도 판매하기 때문입니다. 약간의 이야기를 곁들여 보자면, 시스코는 California(캘리포니아) 에 있는 금문교를 마크로 삼을 정도로 미국 서부에서 상징적인 회사입니다.

〈출처 www.juniper.net〉

◪ Juniper Networks

Juniper Networks는 1996년 시스코가 사실상 독점하던 시장을 대항하기 위하여 만든 회사로서, 2000년대 중반까지는 빛을 못 보던 회사입니다. 하지만 현재에는 시스코에 대항하는 유일한 회사로서 믿기지 않는 발전 속도를 보이고 있는 회사입니다. 매출은 4.49billion dollars로서 약, 4조 7천억 원의 매출을 올리고 있습니다. 비록 시스코의 10분의 1 매출 정도만 올리고 있지만, Kevin R. Johnson(캐빈 존슨) 의 훌륭한 경영으로 현재는 네트워크에서 시스코와 양대 산맥을 만들고 있는 회사입니다. 참고적으로 주니퍼 네트웍스의 최고 자격증인 JNCIE-M은 CISCO의 CCDE에 해당할 정도로 어려운 시험으로 평가 받고 있습니다.

2-2 시스코 자격증

대표 회사들도 알아 보았으니 그에 맞는 자격증도 알아보도록 하겠습니다.

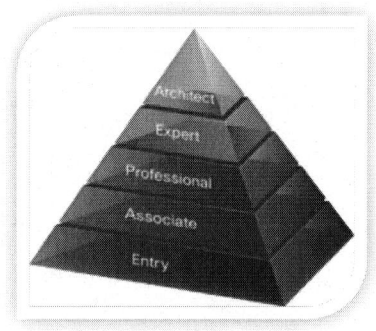

〈출처www.cisco.com〉

위의 아름다운 피라미드와 같이, 시스코 자격증은 Associate(준회원), Professional(전문가), Expert(권위자)로 나뉘어져 있습니다. 물론, CCENT 같은 Associate보다 낮은 단계도 존재하지만, 그것은 Associate를 위한 준비 단계라고 보면 됩니다.

위의 단계에서도 각각의 종류 별로 나누어집니다. 밑의 표를 참고해 보죠.

	ASSOCIATE	Professional	Expert
R&S	CCNA	CCNP	CCIE R&S
Security	CCNA Security	CCNP Security	CCIE Security
Voice	CCNA Voice	CCNP Voice	CCIE Voice
Service Provider	CCNA Service Provider	CCNP Service Provider	CCIE Service Provider
SP Operations	CCNA SP Operations	CCNP SP Operations	CCIE SP Operations
Wireless	CCNA Wireless	CCNP wireless	CCIE Wireless
Data Center	N/A	N/A	CCIE Data Center
Design	CCDA	CCDP	CCDE

각 시험 과목을 설명하기 앞서 몇 가지를 알고 갑시다.

1) 가장 기본인 과목은 CCN입니다. 수학을 시작할 때도 덧셈과 나눗셈 등 기본적인 계산 방법을 알아야 차후 미적분 등을 할 수 있듯이, 네트워크에서는 R&S 파트가 가장 기본적인 파트입니다. 그러므로 표를 보고 "아 나는 가장 어려운 CCDE부터 시작해야겠다."라는 생각을 가지고 있다면 일찌감치 그런 생각을 버리는 것이 좋습니다.

2) 이 책에서는 R&S 시험 쪽을 주로 다룰 것이며, CCIE R&까지 책을 통해 독학하고 직접 취득하게 되면 나머지 CCIE Track은 쉽게 정보를 얻을 수 있을 것입니다.

3) Design 파트 쪽은 챕터8의 골목길 이야기에서 한번 자세히 다루어 보도록 하겠습니다.

〈출처www.cisco.com〉

CCNA(Cisco Certified Network Associate) Routing and Switching

시험 과목 : 640-802

시험 시간 : 90분 또는 120분(시험 센터에 따라 다름)

시험 장소 : 국내 Pearson VUE센터

시험 범위 : ICND 1, ICND2

커트라인 : 825점

시험 문항 : 45-55 문항

시험 응시 자격 : 없음

시험 응시 언어 : 영어/한국어

시험 응시료 : $295(카드 결제만 가능)

앞의 피라미드에서 본 것과 같이, Associate는 시스코 자격증에서 가장 낮은 단계에 해당하는 자격증입니다. 하지만 네트워크든 수학이든 기초가 가장 중요합니다. 그러므로 CCNA는 기초지만 중요한 내용을 많이 다루는 자격증입니다. 여담으로 말해보자면, 저를 포함한 무수히 많은 CCIE들조차 CCNA를 시작할 때는 실패한 경험이 있다는 것이죠.

그 정도로 CCNA는 첫 관문으로서는 많은 지식을 필요로 합니다. 본론으로 돌아와서, 시험에서 다루는 내용으로는, OSI 7 Layer, IPv4, VLSM, IPv6, Wildcard, ACL, Wireless, WAN, VLAN, Trunking, Spanning-tree Protocol(STP), OSPF, EIGRP, RIPv2 등입니다.

저의 경험으로서는 CCNA에서 배운 모든 것이 CCNP, CCIE 시험은 물론 어떠한 것도 이겨나가게끔 해줍니다. 다시 말해서, VLSM, Wildcard 등은 정말 기초 중의 기초이며 네트워크를 하는 데는 정말 없어서는 안 될 중요한 기초 요소입니다. 다음 리스트는 CCNA에서 다루는 내용을 전체적으로 정리한 것입니다.

Describe how a network works

- Describe the purpose and functions of various network devices
- Select the componen5ts required to meet a network specification
- Use the OSI and TCP/IP models and their associated protocols to explain how data flows in a network
- Describe common networked applications including web applications
- Describe the purpose and basic operation of the protocols in the OSI and TCP models
- Describe the impact of applications such as Voice Over IP on a network
- Interpret network diagrams
- Determine the path between two hosts across a network
- Describe the components required for network and Internet communications

- Identify and correct common network problems at layers 1, 2, 3 and 7 using a layered model approach
- Differentiate between LAN/WAN operation and features

Configure, verify and troubleshoot a switch with VLANs and interswitch communications

- Select the appropriate media, cables, ports, and connectors to connect switches to other network devices and hosts
- Explain the technology and media access control method for Ethernet networks
- Explain network segmentation and basic traffic management concepts
- Explain basic switching concepts and the operation of Cisco switches
- Perform and verify initial switch configuration tasks including remote access management
- Verify network status and switch operation using basic utilities (including: ping, traceroute, telnet, SSH, arp, ipconfig), and SHOW & DEBUG commands
- Identify, prescribe, and resolve common switched network media issues, configuration issues, auto negotiation, and switch hardware failures
- Describe enhanced switching technologies (including: VTP, RSTP, VLAN, PVSTP, 802.1q)
- Describe how VLANs create logically separate networks and the need for routing between them
- Configure, verify, and troubleshoot VLANs
- Configure, verify, and troubleshoot trunking on Cisco switches
- Configure, verify, and troubleshoot interVLAN routing
- Configure, verify, and troubleshoot VTP
- Configure, verify, and troubleshoot RSTP operation
- Interpret the output of various show and debug commands to verify the operational status of a Cisco switched network.
- Implement basic switch security (including: port security, trunk access, management vlan other than vlan1, etc.)

Implement an IP addressing scheme and IP Services to meet network requirements in a medium-size Enterprise branch office network

- Describe the operation and benefits of using private and public IP addressing
- Explain the operation and benefits of using DHCP and DNS
- Configure, verify and troubleshoot DHCP and DNS operation on a router (using both the CLI and SDM)
- Implement static and dynamic addressing services for hosts in a LAN environment
- Calculate and apply an addressing scheme including VLSM IP addressing to a network
- Determine the appropriate classless addressing scheme using VLSM and summarization to satisfy addressing requirements in a LAN/WAN environment
- Describe the technological requirements for running IPv6 in conjunction with IPv4 (including: protocols, dual stack, tunneling, etc.)
- Describe IPv6 addresses
- Identify and correct common problems associated with IP addressing and host configurations

Configure, verify, and troubleshoot basic router operation and routing on Cisco devices

- Describe basic routing concepts (including: packet forwarding, router lookup process)
- Describe the operation of Cisco routers (including: router bootup process, POST, router components)
- Select the appropriate media, cables, ports, and connectors to connect routers to other network devices and hosts
- Configure, verify, and troubleshoot RIPv2

- Access and utilize the router to set basic parameters.(including: CLI/SDM)
- Connect, configure, and verify operation status of a device interface
- Verify device configuration and network connectivity using ping, traceroute, telnet, SSH or other utilities
- Perform and verify routing configuration tasks for a static or default route given specific routing requirements
- Manage IOS configuration files. (including: save, edit, upgrade, restore)
- Manage Cisco IOS
- Compare and contrast methods of routing and routing protocols
- Configure, verify, and troubleshoot OSPF
- Configure, verify, and troubleshoot EIGRP
- Verify network connectivity (including: using ping, traceroute, and telnet or SSH)
- Troubleshoot routing issues
- Verify router hardware and software operation using SHOW & DEBUG commands.
- Implement basic router security

Explain and select the appropriate administrative tasks required for a WLAN

- Describe standards associated with wireless media (including: IEEE, WI-FI Alliance, ITU/FCC)
- Identify and describe the purpose of the components in a small wireless network. (Including: SSID, BSS, ESS)
- Identify the basic parameters to configure on a wireless network to ensure that devices connect to the correct access point
- Compare and contrast wireless security features and capabilities of WPA security (including: open, WEP, WPA-1/2)

- Identify common issues with implementing wireless networks. (Including: Interface, misconfiguration)

Identify security threats to a network and describe general methods to mitigate those threats

- Describe today's increasing network security threats and explain the need to implement a comprehensive security policy to mitigate the threats
- Explain general methods to mitigate common security threats to network devices, hosts, and applications
- Describe the functions of common security appliances and applications
- Describe security recommended practices including initial steps to secure network devices

Implement, verify, and troubleshoot NAT and ACLs in a medium-size Enterprise branch office network

- Describe the purpose and types of ACLs
- Configure and apply ACLs based on network filtering requirements using SDM and CLI
- Configure and apply an ACL to limit telnet and SSH access to the router using SDM and CLI
- Verify and monitor ACLs in a network environment
- Troubleshoot ACL issues
- Explain the basic operation of NAT
- Configure NAT for given network requirements using SDM and CLI
- Troubleshoot NAT issues

Implement and verify WAN links

✅ Describe different methods for connecting to a WAN
✅ Configure and verify a basic WAN serial connection
✅ Configure and verify Frame Relay on Cisco routers
✅ Troubleshoot WAN implementation issues
✅ Describe VPN technology (including: importance, benefits, role, impact, components)
✅ Configure and verify a PPP connection between Cisco routers

〈출처: https://learningnetwork.cisco.com/docs/DOC-4976〉

〈출처www.cisco.com〉

↘ CCNP (Cisco Certified Network Professional)

시험 과목 : 642-902, 642-813, 642-832
시험 시간 : 120분(TShoot은 135분)
시험 장소 : 국내 Pearson VUE센터.
시험 범위 : Route, Switch, TShoot
커트라인 : 각 과목당 790점
시험 문항 : 45-55문항(Route), 35-45문항(Switch), 35-40문항(TShoot)
시험 응시 자격 : CCNA 소지자
시험 응시 언어 : 영어/일본어(Route)
시험 응시료 : 각 과목당 $200(카드 결제만 가능)

일단 CCNP에 대하여 이야기해 보자면, 전문가(Professional)에 해당하는 자격증입니다. 하지만 그에 답하기 위해서 많은 것을 습득 및 배워야 합니다. CCNP는 총 3가지 시험으로 나누어져 있으며, 3가지 모두를 합격해야지만 자격증이 나옵니다. 원래 CCNP는 4가지 시험으로 나누어져 있었지만, 2010년 1월 31일 이후에는 3과목으로 통합 관리되었습니다. 개편 이전에 합격한 과목들은 더 이상 허용되지 않고 있으므로 3과목을 다시 시험 보셔야 합니다.

CCNP는 3과목이 합쳐진 것이므로 한 과목씩 살펴보도록 하겠습니다. 시험 보실 때 순서는 어떤 과목을 먼저 보든 상관 없습니다. 다만 밑에 설명하는 순서대로 공부하여 시험 보실 것을 추천합니다.

▶ ROUTE (642-902)

시스코 라우터에 대한 평가하는 시험으로서 기본적인 라우터 프로토콜과 IPv6에 대한 내용을 담고 있습니다. 시험에서 다루는 내용으로서는 EIGRP, OSPF, eBGP, IPv6, IPv4, Layer 3 Path Control 등이 있습니다. 다음 리스트는 시험에서 다루는 내용을 전체적으로 정리한 것입니다.

Implement an EIGRP based solution, given a network design and a set of requirements

- Determine network resources needed for implementing EIGRP in a network
- Create an EIGRP implementation plan
- Create an EIGRP verification plan
- Configure EIGRP routing
- Verify an EIGRP solution was implemented properly using show and debug commands
- Document the verification results for an EIGRP

implementationImplement a multi-area OSPF Network, given a network design and a set of requirements

- Determine network resources needed for implementing OSPF on a network
- Create an OSPF implementation plan
- Create an OSPF verification plan
- Configure OSPF routing
- Verify OSPF solution was implemented properly using show and debug commands
- Document the verification results for an OSPF implementation plan Implement an eBGP based solution, given a network design and a set of requirements
- Determine network resources needed for implementing eBGP on a network
- Create an eBGP implementation plan
- Create an eBGP verification plan
- Configure eBGP routing
- Verify eBGP solution was implemented properly using show and debug commands
- Document verification results for an eBGP implementation plan

Implement an IPv6 based solution, given a network design and a set of requirements

- Determine network resources needed for implementing IPv6 on a network
- Create an IPv6 implementation plan
- Create an IPv6 verification plan
- Configure IPv6 routing
- Configure IPv6 interoperation with IPv4
- Verify IPv6 solution was implemented properly using show and debug commands

☑ Document verification results for an IPv6 implementation plan

Implement an IPv4 or IPv6 based redistribution solution, given a network design and a set of requirements

☑ Create a redistribution implementation plan based upon the results from a redistribution analysis
☑ Create a redistribution verification plan
☑ Configure a redistribution solution
☑ Verify that a redistribution was implemented
☑ Document results of a redistribution implementation and verification plan
☑ Identify the differences between implementing an IPv4 and IPv6 redistribution solution

Implement Layer 3 Path Control Solution

☑ Create a Layer 3 path control implementation plan based upon the results of the redistribution analysis
☑ Create a Layer 3 path control verification plan
☑ Configure Layer 3 path control
☑ Verify that a Layer 3 path control was implemented
☑ Document results of a Layer 3 path control implementation and verification plan
☑ Implement basic teleworker and branch services
☑ Describe broadband technologies
☑ Configure basic broadband connections
☑ Describe basic VPN technologies
☑ Configure GRE
☑ Describe branch access technologies

〈출처〉www.cisco.com〉

▶ SWITCH (642-813)

Route 시험과 마찬가지로 시스코 스위치에 대한 지식을 평가하는 시험으로서, 기본적인 스위치에 대한 질문이 나옵니다. 시험에서 다루는 내용으로서는 VLAN, Layer 2 Security, Layer 3 services 및 기본적인 스위치 구축입니다. 여기서 주의해야 될 것은 스위치는 라우터인 L3보다 낮은 L2이기 때문에 더 세밀한 작업을 필요로 한다는 것입니다. 다시 말해서 VoIP, Wireless, video 패킷의 신뢰성(reliability)을 구축하기 위하여 더 많은 지식을 필요로 합니다. 다만, 더 재미있습니다. 다음 리스트는 시험에서 다루는 내용을 전체적으로 정리한 것입니다.

Implement VLAN based solution, given a network design and a set of requirements

- Determine network resources needed for implementing a VLAN based solution on a network
- Create a VLAN based implementation plan
- Create a VLAN based verification plan
- Configure switch-to-switch connectivity for the VLAN based solution
- Configure loop prevention for the VLAN based solution
- Configure Access Ports for the VLAN based solution
- Verify the VLAN based solution was implemented properly using show and debug commands
- Document the verification after implementing a VLAN solution

Implement a Security Extension of a Layer 2 solution, given a network design and a set of requirements

- Determine network resources needed for implementing a Security solution
- Create a implementation plan for the Security solution
- Create a verification plan for the Security solution
- Configure port security features
- Configure general switch security features

- Configure private VLANs
- Configure VACL and PACL
- Verify the Security based solution was implemented properly using show and debug commands
- Document the verification results after implementing a Security solution

Implement Switch based Layer 3 services, given a network design and a set of requirements

- Determine network resources needed for implementing a Switch based Layer 3 solution
- Create an implementation plan for the Switch based Layer 3 solution
- Create a verification plan for the Switch based Layer 3 solution
- Configure routing interfaces
- Configure Layer 3 Security
- Verify the Switch based Layer 3 solution was implemented properly using show and debug commands
- Document the verification results after implementing a Switch based Layer 3 solution

Prepare infrastructure to support advanced services

- Implement a Wireless Extension of a Layer 2 solution
- Implement a VoIP support solution
- Implement video support solution

Implement High Availability, given a network design and a set of requirements

- Determine network resources needed for implementing High Availability on a network
- Create a High Availability implementation plan

- ✅ Create a High Availability verification plan
- ✅ Implement first hop redundancy protocols
- ✅ Implement switch supervisor redundancy
- ✅ Verify High Availability solution was implemented properly using show and debug commands
- ✅ Document results of High Availability implementation and verification

〈출처 www.cisco.com〉

▶ TSHOOT (642-832)

Route와 Switch 과목이 학문적인 지식을 평가한다고 하면, TShoot 과목에서는 주로 실무적인 능력을 평가합니다. 간단히 이야기하자면, 네트워크가 구축되어 있는 상태에서 장애가 나타났을 때 대처 능력을 평가합니다. 시험은 시뮬레이션 형태로 진행되며, 각각의 문제에 맞춰 해당 네트워크가 다시 작동되게 만들어야 합니다. 시험에서 다루는 내용으로서는, IOS maintenance와 Route & Switch 시험에서 나오던 문제를 좀더 랩 형태로 다루는 내용입니다. 여담으로 말하자면, 제가 시험칠 시기에는 이 과목이 없었습니다. 2008년 당시에는 4과목으로 구축되어 각 과목마다 TS 파트가 sub 파트로 나왔습니다. 그 당시에도 TS 파트를 잘 못하여 불합격하는 분들이 많았는데 이제 TS가 하나의 과목이 되어 조금 더 편리해진 거 같네요. 다음 리스트는 시험에서 다루는 내용을 전체적으로 정리한 것입니다.

Maintain and monitor network performance

- ✅ Develop a plan to monitor and manage a network
- ✅ Perform network monitoring using IOS tools
- ✅ Perform routine IOS device maintenance
- ✅ Isolate sub-optimal internetwork operation at the correctly defined OSI Model layer

Troubleshoot Multi Protocol system networks

- Troubleshoot EIGRP
- Troubleshoot OSPF
- Troubleshoot eBGP
- Troubleshoot routing redistribution solution
- Troubleshoot a DHCP client and server solution
- Troubleshoot NAT
- Troubleshoot first hop redundancy protocols
- Troubleshoot IPv6 routing
- Troubleshoot IPv6 and IPv4 interoperability
- Troubleshoot switch-to-switch connectivity for the VLAN based solution
- Troubleshoot loop prevention for the VLAN based solution
- Troubleshoot Access Ports for the VLAN based solution
- Troubleshoot private VLANS
- Troubleshoot port security
- Troubleshoot general switch security
- Troubleshoot VACLs and PACLs
- Troubleshoot switch virtual interfaces (SVIs)
- Troubleshoot switch supervisor redundancy
- Troubleshoot switch support of advanced services (i.e., Wireless, VOIP and Video)
- Troubleshoot a VoIP support solution
- Troubleshoot a video support solution
- Troubleshoot Layer 3 Security
- Troubleshoot issues related to ACLs used to secure access to Cisco routers
- Troubleshoot configuration issues related to accessing the AAA server for authentication purposes
- Troubleshoot security issues related to IOS services (i.e., finger, NTP, HTTP, FTP, RCP etc.)

〈출처〉 www.cisco.com〉

〈출처www.cisco.com〉

▶ CCIE (Cisco Certification Internetwork Expert) Routing and Switching

시험 과목 : 350-001 / LAB
시험 시간 : 120분 / 480분(8시간)
시험 장소 : 국내 Pearson VUE센터 / 해외 Cisco 지사.
시험 범위 : BSCI, BSMSM, ONT, ISCW, 및 기본 지식.
커트라인 : 700점 / 80%
시험 문항 : 90-110문항 / 35-40문항
시험 응시 자격 : 필기 시험 응시 시 자격조건 없음, 실기 시험 응시 시 필기 필수
시험 응시 언어 : 필기 시험 - 한글, 영어 / 실기 시험 - 영어
시험 응시료 : $350, $1500

CCIE, 한국말로 번역하자면 최고의 인터넷 전문가입니다. 다시 말해서, CCIE R&S는 라우팅과 스위칭을 중점으로 기타 관련된 지식을 모두 습득 및 실습할 수 있는 전문가라는 뜻입니다. CCIE가 시

행된 지 어느덧 19년이 흘렀습니다. 19년이란 긴 시간이 흘렀음에도 불구하고, 현재 전 세계 CCIE는 34,000명을 선회할 뿐입니다. 진정한 네트워크 자격증 중 자격증이며, 십 년 전쯤에는 CCIE를 갖고 있음으로써 억대 연봉자가 될 수도 있었습니다. 하지만, 현재 국내는 CCIE의 위상이 많이 떨어진 상태이며 현재 모든 트랙을 합하여 1,400명 정도가 취득한 상태입니다. 약 1,400명이란 숫자이지만, 전 세계에서 네 번째로 많은 CCIE 보유국이며, 네트워크 강국이라 불릴 만 합니다.

다시 본론으로 돌아와서, CCIE를 취득하기 위해서는 written이라 불리는 필기 시험과 Lab이라 불리는 실습을 완벽하게 통과하여야 합니다. Written은 CCNA, CCNP 시험과 동일하게 국내 VUE 센터에서 시험을 칠 수 있지만 Lab은 상황이 많이 다릅니다. Lab의 경우에는 이벤트 성 Remote Lab을 제외하면 한국에서 시험을 볼 수 없으며, 현재 10여 개 국에서 시험 볼 수 있습니다. 한국에서는 주로 일본(Tokyo), 홍콩(Hongkong), 호주(Sydney)로 가서 시험을 보며 그중에서 홍콩이 가장 선호하는 장소입니다. 일본의 경우에는 비록 가깝고 한국과 문화도 비슷하여 쉽게 시험에 응시할 수 있지만, 수많은 루머가 있어 한국 사람들은 비교적 선호하지 않는 편입니다.

▶ Written

위에서 설명한 것과 같이, Written(필기)은 한국에서 시험 응시가 가능하며, 약 100문항 정도를 700점 이상 획득하면 패스가 가능합니다. 하지만 과연 CCIE 필기답게, CCNA와 CCNP의 전반적인 이해가 없으면 패스가 불가능합니다. 현재는 많은 정보가 있어서 리튼이란 존재가 Lab을 부킹하기 위한 용도로만 사용되지만, 불과 6년 정도 전에만 해도 보통 6~7번 정도의 리튼을 본 후에 패스하였답니다.
만약 CCNA, CCNP 과정을 완벽하게 이해하였다면, CCIE 리튼에 대하여는 염려를 안 해도 됩니다. 하지만 CCNP에서 부족한 것이 많다면 다시 한 번 전체적으로 다시 공부 하는 것을 추천합니다.

▶ Lab

랩 또는 실기라고 불립니다. 총 480분 동안 트러블 슈팅과 전체적인 망을 구축해야만 합니다. 2009년 10월 18일 이후 CCIE Routing & Switching Version 4.0이 시행 중이며, Version 3.0과는 다르게 트러블 슈팅 부분이 추가되었습니다. 2010년 5월 이후부터는 Core Knowledge(오픈 앤 앤디드)라고 불리는 파트가 없어졌으므로, Trouble Shooting(TS)과 Lab만 시험 보면 됩니다. TS는 약 10문제 정도로 구성되어 있으며, Lab은 5개의 코어 문제 속에 각각 6문제 정도가 포함되어 30문제 정도로 구성되어 있습니다. 랩 시험 예약은 시험 날짜의 약 6주 즉, 한 달 반전쯤에 하시는 것이 안정적입니다. 몇몇 시험장은 계좌입금으로도 시험비를 받으며, 대부분의 시험장은 비자나 마스터 등 카드를 요구합니다. 계좌입금으로 하실 경우, 해당 나라의 환율로 계산되어 가령 엔화가 강세일 때는 시험비가 홍콩과 많게는 백만 원까지 차이가 납니다.
또한, 매년 한 번씩 리모트(Remote) 랩이라는 이벤트 성 랩이 실행되며, 한국에서는 8월경에 실시 됩니다. R&S와 Security 정도로 과목이 한정되어 있으며, 3~4일 정도 시험 일정으로 하루에 4분 정도 시험을 봅니다. 숙박비와 항공비를 아낄 수 있다는 장점에 많은 분들이 선호하지만 공지가 뜨기 무섭게 매진 행진을 달립니다.

> 짚고가기

> CCIE의 경우에는 필기는 국내 실기는 해외에서 봐야 하는 시험입니다. 그만큼 많은 노력을 필요로 합니다. 아무리 노력을 한다고 하여도 된다는 보장도 없습니다. 그래서 많은 사람들이 주로 '시시한 아이' 라고 부릅니다. 하지만, CCIE 가 보유자와 아닌 자는 분명한 혜택의 차이가 있습니다.

> 알고가기

> CCIE를 소지하게 되면 몇 가지 이득이 있습니다. 시스코에서 제공해주는 최신 라우터 및 자격증 소식을 먼저 알 수 있는 소소한 이득부터, CCIE 스토어 이용, 골드 파트너 등이 있습니다. CCIE 스토어의 경우 CCIE, CCDE, CCAr에게 접근 자격이 주어지며, 시스코 프레스에서 나오는 공식 교재를 정가보다 약간 저렴하게 사는 장점이 있습니다. 또한 자신의 CCIE 번호와 이름이 적힌 옷을 구매하실 수 있습니다. 폴로 티, 자켓, 가방을 30~90불 사이에 구매하실 수 있으며, 미국의 경우 보통 6주 정도의 배송 기간이 필요합니다.
> CCIE 보유자는 장애 발생 시 시스코의 긴급 지원을 다른 비 보유자들보다 먼저 받아볼 수 있으며, 각각의 케이스가 시스코 장애 전문 상담가에 의해서 지원받게 됩니다.
> 시스코에서 부여하는 파트너 계약에서도 CCIE 보유자들은 큰 이익을 받습니다. 일례로, 골드 파트너로 지정되기 위해서는 최소 4명 이상의 CCIE가 해당 업체에서 근무해야 되며, 파트너로 지정될 시 장비 구매, 장애 대처 등에서 많은 혜택을 받습니다.

여기까지가 시스코의 전반적인 자격증입니다. 시스코에는 무수히 다른 솔루션과 관련된 많은 자격증이 존재하지만, 그것은 필드에 나가서 취득하셔도 무방합니다. 위에 서술하지는 않았지만 미래를 생각하는 사람에게 알려줄 것이 있습니다.

2009년 여름 시스코는 CCAr이라는 자격증을 발표하였습니다. CCAr은 Cisco Configuration Assistant 의 약자로서, 네트워크 엔지니어와 비즈니스를 결합한 자격증입니다. CCA를 시험 보기 위해서는 CCDE라는 자격 조건과 함께 15,000달러, 1,600만 원이라는 믿기 힘든 비용도 함께 부담됩니다. 2012년 현재 CCA를 취득한 사람은 전 세계 7명이며, 일각에서는 10년 이내에 50명도 취득하지 못할 것이라는 전망도 함께 나오고 있습니다. 참고적으로 2012년 현재 선 조건인 CCDE의 취득자 수는 100이 채 안 되네요. CCAr과 CCDE의 자세한 내용은 챕터 8에서 알아보도록 하겠습니다.

2-3 주니퍼 자격증

이제 주니퍼 네트웍스의 자격증에 대해서도 한번 설명해 보도록 하겠습니다.

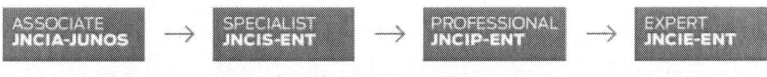

〈출처 www.juniper.net〉

앞서 봤던 시스코 피라미드에 걸맞은 주니퍼의 계단(?)입니다. 주니퍼도 시스코와 마찬가지로 네 가지 단계를 성립하고 있습니다. 다만 시스코에 Associate에 해당되는 자격증을 Specialist라고 부르고, 시스코에 Entry에 해당되는 자격증을 Associate라고 부릅니다. 시스코와 마찬가지로, 가장 낮은 단계인 Associate 단계는 Specialist를 준비하기 위한 단계이므로 생략하도록 하겠습니다.

▶ JNCIS-ENT (Juniper Networks Certified Internet Specialist - Enterprising Routing & Switching)

시험 과목 : JN0-343

시험 시간 : 105분

시험 장소 : 국내 Prometric Testing센터.

시험 범위 : 전반적인 CCNA 정도에 해당하는 단계

커트라인 : 700점

시험 문항 : 80문항

시험 응시 자격 : JNCIA-ER, JNCIS-ER, JNCIA-EX, JNCIA-M, and JNCIS-M 소지자

시험 응시 언어 : 영어

시험 응시료 : $200

솔직히, 왜 시스코와 주니퍼 두 개의 자격증으로 나누는지 모르겠습니다. 두 회사가 응시자들을 위하여 하나로 합쳐서 시험을 보게 하면 응시료가 줄어들 텐데 말이죠, 라고 말할 수 있을 정도로 JNCIS와 CCNA는 닮은꼴입니다. CCNA를 공부하셨던 분이라면 큰 노력 없이도 통과하실 수 있습니다. 시험에서 커버하는 토픽은 같으며 다른 부분이라면 JNCIS는 IS-IS 프로토콜에 대하여도 시험 본다는 것입니다. IS-IS는 OSPF와 비슷한 프로토콜이지만 area 설정에 대한 개념이 조금 다르다는 것입니다.

정말 꼼꼼하신 분이라면 다른 것을 하나 눈치 채셨을 텐데요. 바로 JUNOS에서는 EIGRP에 대해서는 언급하지 않는다는 겁니다. EIGRP는 엄밀히 말하자면, 시스코에서만(!) 쓰는 프로토콜이며, 시

스코에 의해서 개발된 것 입니다. 그러므로 주니퍼 에서는 물어 보지 않습니다.

> **짚고가기**
>
> 〉EIGRP가 나왔을 초창기에 정말 말이 많았다고 합니다. 90년대 초에 IGRP라는 시스코 전용 프로토콜의 문제점을 극복하기 위하여 내놓은 프로토콜이라고 하네요. 다만, 당시에는 다른 밴더 회사가 없었지만, 지금은 타 밴더사도 많이 있기 때문에, EIGRP를 다른 네트워크로 보낼 때는 꼭 재분배를 해줘야 합니다. 시스코가 밝힌 바에 의하면, EIGRP는 해당 방정식으로 IGRP의 문제점을 극복하였다고 합니다.
>
> $$\left[\left(K_1 \cdot \text{Bandwidth}_E + \frac{K_2 \cdot \text{Bandwidth}_E}{256 - \text{Load}} + K_3 \cdot \text{Delay}_E\right) \cdot \frac{K_5}{K_4 + \text{Reliability}}\right] \cdot 256$$
>
> 다변수 미적분을 한 저로서도 뭐가 뭔 이야기인지도 모르겠네요. 공부하실 때는 정말로 방정식도 보고 공부하시되, 일하실 때는 값이 다 주어지므로 걱정 안 하셔도 됩니다.

▶ JNCIP-ENT (Juniper Networks Certified Professional - Enterprising Routing & Switching)

시험 과목 : JN0-643

시험 시간 : 120분

시험 장소 : 국내 Prometric Testing센터

시험 범위 : 시스코 CCNP 에 해당하는 Juniper 계열의 프로토콜 및 장비.

커트라인 : 700점

시험 문항 : 70문항

시험 응시 자격 : JNCIS-ENT 또는 JNCIS-ER

시험 응시 언어 : 영어

시험 응시료 : $200

시스코의 CCNP에 해당되는 자격증으로서, 시험 범위는 거의 흡사 합니다. 다만, CCNP에서는 Switch 과목에서 나오는 QoS 말고도 Cos라는 Layer 2에서 사용되는 기술을 아셔야 합니다. 그리고, CCNP처럼 3과목으로 나누어져 있지 않고 한 과목 안에 모든 과목이 통합되어 있으며 TS 파트도 같이 나옵니다. 시험 범위로서는 OSPF, BGP, IP Multicast, SPT, CoS 등이 있습니다.

JNCIE-ENT (Juniper Networks Certified Expert - Enterprising Routing & Switching)

시험 과목 : JPR-943

시험 시간 : 480분

시험 장소 : 한국 주니퍼 네트웍스

시험 범위 : JNCIP의 실기형
커트라인 : 70%
시험 응시 자격 : JNCIP-ENT
시험 응시 언어 : 영어
시험 응시료 : $1400

시스코의 CCIE R&S에 해당되는 자격증으로서, 시험 범위 또한 흡사합니다. 응시 방법에서는 CCIE와 다르게 필기 시험이 없으며 대신 JNCIP가 필기 역할을 합니다. 또한, JNCIE는 한국에서도 응시가 가능합니다. 하지만, CCIE는 많은 응시자가 있는 반면, JNCIE는 응시자가 많지 않습니다. 현재 한국에서 JNCIE 소지자는 30명이 채 되지 않습니다.

자격증	시험 과목	커트라인	응시료	자격 조건
CCNA	640-802	825	$295	없음
CCNP	642-902 642-813 642-832	790	$200 /과목당	CCNA 소지자
CCIE	350-001 LAB	700 / 80%	$350 / $1500	필기시험
JNCIS-ENT	JN0-343	700	$200	JNCIA-ER, JNCIS-ER, JNCIA-EX, JNCIA-M, JNCIS-M 중 하나의 소지자
JNCIP-ENT	JN0-643	700	$200	JNCIS-ENT, JNCIS-ER 중 하나의 소지자
JNCIE-ENT	JPR-943	70%	$1400	JNCIP-ENT

2-4 덤프에 대한 오해

요번 장을 추가하기까지 많은 생각을 하였습니다. 과연 칼럼도 아닌 책이라는 지식을 나누어야 되는 곳에서 덤프에 대하여 논하는 게 옳은가, 라는 자책성 질문도 많이 하였습니다. 하지만, 수많은 포털 사이트 네**와 다*에 올라와 있는 질문들이 "덤프를 보면 정말로 합격하나요?"라는 질문이기에 약간은 용기(?)를 내어 답해보도록 하겠습니다.

덤프, 영어로는 Dump라고 합니다. 사전의 정의를 보면 '어떤 기억 장치 전체 또는 일부의 내용을 복사하는 일'이라고 나와 있습니다. 어쩌면 정말로 알맞은 구절인지 모르겠습니다. 덤프라는 것이 시험 문제를 약간 불법적으로 유출하여 판매되는 시험 기출 문제라고 보실 수 있겠습니다. 인터넷에 한번 CCNA 덤프라고만 치셔도 수두룩한 관련 사이트 및 글이 올라옵니다. 이러한 덤프의 편함에 반하여 수많은 수험 자들이 덤프를 애용하며 책도 보지 않고 덤프만으로 자격증을 취득합니다. 하지만 약간의 오해들이 있는 것 같습니다.

① 덤프를 보면 정말로 시험에 합격한다?

정답부터 말씀을 드리자면, '합격한다'입니다. 참으로 애통한 일이지만, 덤프를 보면 책 한 장도 보지 않고서도 쉽사리 시험에 합격합니다. 다만 덤프만 믿고 시험을 보신다면 문제가 조금이라도 덤프와 다르게 나올 경우 훅(!) 하고 200불을 기부하고 오시게 됩니다. 보통 덤프 판매 사이트에서 '합격률 100퍼센트! 또는 불합격 시 덤프 사용료 환불!'이라고 광고하지만, 덤프만으로 100퍼센트 합격한다는 보장은 없습니다.

여담으로 말해보자면 한참 덤프 합격률이 높을 때 주변 분들이 덤프만 믿고 단체로 시험을 보셨다가 단체로 수천 불을 기부하고 오셨습니다.

② 덤프를 보고 합격하나 공부해서 합격하나 대우는 같다?

정답은 '틀리다'입니다. 주변에 CCNP를 덤프로 보고 합격하신 분들을 뵈면, 최소한의 VLSM 개념도 모르시는 분들이 수두룩합니다. 만약, 회사에서 자격증을 요구할 경우 덤프로 보시는 것도 그렇게 나쁜 생각은 아닙니다. 다만, 덤프만 외워서 시험 보기보다는 덤프를 가지고 하나하나 문제를 풀어보시는 것이 더 바람직한 생각입니다.

③ 덤프는 불법이다?

어쩌면 애매한 질문인 것 같네요. 덤프라는 개념 자체가 시험 문제를 유출시켜서 만든 불법적인 문서라 시험과 동일하다면 분명한 불법입니다. 시스코나 주니퍼 시험 약관을 보시면 문제 유출과 문제 재생산은 엄격하게 금지되어 있습니다. 하지만, 예전 덤프, 즉, 옛 기출문제를 보시고 문제풀이 방식으로 공부를 해보신다면 불법성이 기보다는 additional material(기출문제) 정도로 보실 수 있습니다.

몇 가지 덤프와 관련된 질문을 살펴보았는데요, 덤프는 시스코나 주니퍼 자격증에만 한정된 것이 아닌 IT 시험 전반적으로 많이 통용되고 있습니다. 그러다 보니 밴더사에서도 이와 같은 허점을 알고 기초자(Association), 전문가(Professional) 자격증은 3년에 한 번, 권위가(Expert) 자격증 급은 2년에 한 번 재시험을 요구하고 있습니다. 재시험의 경우는 같은 과목 필기를 다시 보든지 아니면 상위 자격증 또는 대체 자격증 실기를 보시면 자동으로 인정됩니다. 아래의 표는 각 자격증에 대한 재인증 시험 가능 과목입니다.

자격증	기간	재인증 시험
CCNA	3년	642-XXX (CCNP) 또는 CCNA 또는 CCIE 필기 또는 CCDA 필기
CCNP	3년	642-XXX (CCNP) 또는 CCIE 필기 또는 CCDE 필기 또는 CCDE 실기
CCIE	2년	CCIE 필기 또는 CCIE 실기 또는 CCDE 필기 [취득 후, 10년 후에는 재인증 X]
CCDE	2년	CCDE 필기 또는 CCDE 실기
JNCIS-ENT	2년	JNCIP 필기 또는 JNCIS
JNCIP-ENT	2년	JNCIE 또는 JNCIP
JNCIE-ENT	2년	JNCIE

다음 챕터부터는 조금 더 기술적인 부분에 대하여 살펴 보도록 하겠습니다. 지금까지 네트워크에 입문하기 위하여 전반적인 준비 단계라고 살펴보셨다면, 다음 챕터부터는 다른 기술 문서를 보시기 전에 어느 정도 기본기(?)를 닦는 과정이라고 보실 수 있겠습니다. 밑의 부분은 CCNP가 3과목으로 통합 관리되기 전에 작성해놓은

부분으로서 CCNP 문서나 책을 보실 때 참고하여 보시면 됩니다. 지금은 3과목이지만 실질적으로 다루는 과목은 4과목일 때랑 비슷합니다.

▶ BSCI (642-901)

고급 IP 어드레싱, EIGRP, OSPF, IS-IS, BGP기본, BGP 고급 등을 다루는 시험이었습니다. BSCI는 가장 기본적인 CCNP 과목이며, 또한 CCNA의 연장선으로도 볼 수 있는 과목이었습니다.

▶ BCMSM(640-812)

BSCI가 IP 라우팅에 대하여 내용을 논하였다면, BCMSM은 스위칭(switching) 에 관하여 내용을 논합니다. 주 내용으로서는, VLAN, SSH, VTP, 802.1Q, STP, MSTP, Multicast, CEF, DHCP, IGMP, VRRP, HSRP, ARP, QoS입니다. 다소 내용이 많아 보일지 몰라도, 공부해보면 정말 유익한 내용들입니다. 하지만 위의 내용 중 QoS(Quality Of Service)는 CCIE들도 어려워하는 내용이므로 기술 문서 등을 찾아가면서 공부하는 것을 적극 권장합니다.

여담으로, 네 가지 시험을 모두 패스해야지만 자격증이 나왔습니다. 하지만 많은 사람들의 경우 BSCI, BSMSM을 합친 Composite를 시험 보는 경우가 많았습니다. 2008년까지는 Composite가 250불, 두 과목의 합은 300불이었기에 많은 사람들이 돈을 절약하기 위하여 Composite를 보는 경우가 많았습니다. 하지만 2008년 7월 이후 Composite가 300불로 인상됨에 따라 두 과목을 같이 보나, 한 과목씩 두 번을 보나 같은 가격에 시험을 보았습니다.

Chapter 3

라우터와 스위치

장비에 대해서 이야기를 하자면, 랜 카드부터 시작하여 WebEx까지 수많은 물리적 소프트웨어적 장비가 있습니다. 하지만, 실질적으로 현역에서 쓰이는 장비는 한정되어 있다고 볼 수 있습니다. 아무래도 공부를 하자마자 가장 먼저 보게 되는 것이, 스위치와 라우터일 것입니다. 요번 챕터에서는 스위치와 라우터의 개념에 대하여 살펴보고, 각각의 차이점에 대하여 알아보겠습니다.

스위치에 대하여 논하기 앞서, 우리는 Hub(허브)라는 것에 대하여 먼저 알아야 합니다. 만약 독자들 분 중, 네트워크 특기병, 또는 전산병으로 군대를 갔다 오신 분이라면 허브에 대해서 익히 알고 계실 것입니다. 하지만, 정확한 뜻에 대해서 알고 계신 분은 많지 않기에 다시 한 번 짚고 넘어가겠습니다.

3-1

Hub (허브)

사전을 찾아보면,

　　　　The center part of a wheel, fan or propeller.

'바퀴, 팬, 프로펠러의 중심부'라고 나와있습니다. 어떻게 보면 허브의 가장 정확한 의미이지요. 허브는 80년대와 90년대 많이 사용되던 장비입니다. 정확한 명칭은 Ethernet Hub(이더넷 허브)이지요. 허브는 주로 하나의 포트를 여러 장비가 사용하게 만들기 위하여 사용되었습니다. 지금의 스위치와 같은 개념으로 Input/Output (I/O) 포트로 사용되었습니다. 당시 스위치가 상당히 비쌌던 시절에는 허브야말로 가장 좋은 선택이었지요.

🔽 허브의 장점.

- 가격이 저렴하다.
- 구축이 쉽다.(포트에 꽂기만 하고, 다른 설정은 필요 없습니다.)

🔽 허브의 단점 ⇔ 스위치의 장점

- 패킷의 신뢰성이 없다. ⇔ 패킷의 신뢰성이 있다
- 모든 포트에 뿌린다. ⇔ 포트를 지정하여 보낸다.
- 패킷 간의 Collisions(충돌)이 자주 일어난다. ⇔ 패킷 간의 충돌을 방지한다.

위에서 설명한 것과 같이, 허브는 간단하게 설치가 가능한 반면에, 많은 문제점을 갖고 있습니다. 가장 큰 문제점은 모든 패킷에 뿌린다는 것입니다. 간단히 이야기하자면, 자신의 루트 포트로 들어온 패킷을 연결된 모든 포트로 뿌리는 것입니다. 이 과정에서 원하지 않는 장비에까지 패킷이 뿌려지고, 네트워크를 느리게 합니다. 또한, 하나의 장비에라도 패킷이 전달되지 않는다면, 계속하여 (repeatedly) 패킷을 뿌립니다. 그래서 허브는 repeater hub(리피터 허브)라고도 불립니다. 비교를 하자면, 단체 문자 전송 또는 뿌리오라고도 할 수 있겠죠?

인터넷 통신 시에는 자신의 input(입력) 포트로 들어온 패킷을 모아서 output ₩(출력) 포트로 보냅니다. 결국에는 패킷이 들어온 포트만 입력포트로 인식을 하고 나머지 포트들은 출력 포트로 인식하게 됩니다. 그렇게 되면 가령 4포트짜리 허브라면 패킷이 들어온 하나의 포트를 제외한 3포트도 출력 포트로 인식하여 해당 허브에 연결되어 있는 모든 PC에게 출력한 패킷을 보내주게 됩니다. 이와 같은 방식은 공용 네트워크에는 적합하지 않으며 작은 사무실이나 집에서 쉽게 공유를 하게 해주는 양날의 칼 같은 역할을 합니다.

허브는 패킷을 **받거나** 또는 **보내기**만 할 수 있습니다. **동시에 보내면서 받을 수는 없습니다.**

도로에 비교하자면 1차선 도로라고 할까요? 패킷이 input 되거나 output 되든지 둘 중에 하나의 역할만 수행할 수 있습니다. 허브 하나에 PC 한 대만 연결되어 있다면 네트워크 속도 저하가 일어나지 않습니다. 다만 여러 대의 PC가 연결되어 있다면 1차선 도로에서 차가 정체되듯이 패킷의 트래픽도 정체되면서 네트워크의 속도가 저하됩니다. 이러한 1차선 방식을 half duplex(반 이중 방식)라고 합니다. 반면 스위치의 경우는 full duplex(전 이중 방식)입니다.

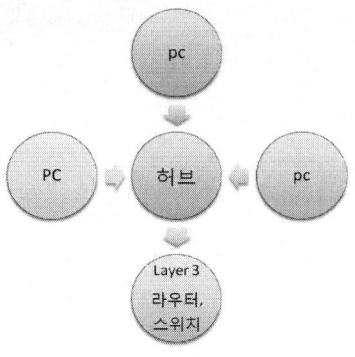

허브는 L3와도 통신이 가능합니다. 엄밀히 말하자면, L3의 라우터 및 L3 스위치와 통신도 가능합니다. 가정에 있는 공유기는 이러한 허브 역할을 담당합니다. 해당 그림과 같이 가장 말단인 PC의 통신을 모아서 L3로 보내주는 역할을 담당합니다.

3-2
Switch (스위치)

허브의 단점만 모아서 보안한 장비가 바로 스위치입니다. 스위치는 허브의 장단점의 정확히 반대되는 장단점을 가지고 있습니다.

🔽 스위치의 장점
- 양방향 통신이 가능하다
- 패킷의 신뢰성을 보장한다
- 패킷 간의 충돌을 방지한다

🔽 스위치의 단점
- 가격이 비싸다.
- 구축이 다소 난해하다.

스위치는 크게 2가지 종류로 나뉩니다. 보통 L2 스위치, 라우터 기능을 겸비한 L3 스위치로 나뉩니다. 몇 년 전만 하더라도 스위치라 하면 통상적으로 L2 스위치를 의미하는 것 이었지만, 최근에는 L3 스위치의 가격이 낮아짐에 따라 L3 스위치를 통상 '스위치'로 부릅니다. L2와 L3의 다른 점은 L2는 주로 앞 장의 허브 같은 기능을 담당하며 L3는 라우터 같은 기능을 담당합니다. VLAN을 써서 하나의 그룹으로 묶어야 하지만 L3에서 사용되는 프로토콜로 관리를 해야 될 경우에 L3 스위치를 사용합니다. 외관으로는 L2스위치는 다수의 LAN 포트(24~48)를 가지고 있으며 L3 스위치의 경우에는 스위치 간의 연결을 위해서 CSU 포트를 사용한다는 점입니다. 가격 또한 L2 스위치의 경우는 100만 원 미만으로 다소 저렴(?)하지만, L3 스위치의 경우 통상 200만 원을 넘어갑니다. 물론, 실제 라우터에 비해서는 저렴한 것이지만, 굳이 L2 기능만 사용하면서 L3 기능까지 있는 비싼 스위치를 사실 필요는 없습니다.

스위치는 허브와 다르게 full duplex(양방향) 통신을 지원합니다. 이러한 양방향 통신으로 인해 허브보다 속도는 빠르면서 동시에 더 많은 패킷을 처리할 수 있습니다. 스위치의 가장 좋은 기능은 Virtual LAN(VLAN)입니다. STP 등 다른 좋은 기능도 많지만 차후에 다루도록 하겠습니다. VLAN은 여러 대의 PC를 하나의 그룹으로 묶어서 관리하게 해줍니다. 가령 학생 PC와 사무 PC가 있을 경우 학생들은 인트라넷만을 사용하게 하고 사무 PC는 인터넷을 사용하게 한다고 할 경우, L2 스위치에서 VLAN 기능을 사용하지 않을 경우 일일이 포트 하나하나마다 직접 설정을 해주셔야 합니다.

스위치는 통신을 할 때 Mac Address(맥 주소)를 사용합니다. Internet Address(IP)는 아는데 맥 주소는 다소 생소하시다고요? 맥 주소는 각 포트마다 할당된 고유의 주소입니다. 가령 한 PC에 두 대의 LAN 카드를 사용한다면 IP로는 통신이 불가능합니다. 하지만 맥 주소를 사용한다면 동시에 두 대의 LAN카드를 사용하실 수 있습니다. 맥 주소는 많이들 변경이 불가능한 걸로 아시지만, 실제로는 Mac Spoofing(맥 스푸핑)을 통해서 변경이 가능합니다.

맥 주소는 하드웨어의 주소로서 공장 출고값으로 48비트로 구성되어 있으며 첫 24비트는 NIC(네트워크 아댑터) 제조업체의 정보, 나머지 24비트는 랜 카드의 정보를 담고 있습니다. 오늘날 사용되는 대부분의 네트워크 기기에는 맥 주소가 있으며 스위치의 게이트웨이의 IP로 온 패킷은 맥 주소로 기기를 판단하여 데이터를 해당 기기에 저장해 줍니다.

3-3

Router (라우터)

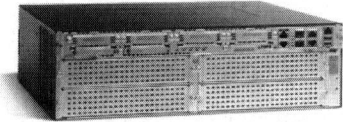 

라우터는 L3 장비로서, L3 스위치와 같은 개념을 갖고 있지만, 스위치와는 다르게 상위 계층에서 주로 라우터와 라우터 간에 연결하는 개념을 가지고 있습니다.

라우터의 장점
- 환경 설정이 가능하다
- 유지 보수가 용이하다
- 확장이 용이하다

라우터의 단점
- 초기 구축이 어렵다
- 프로토콜의 한계가 있다
- 가격

동일전송 프로토콜을 사용하는 분리된 네트워크를 연결하는 용도로 사용됩니다. 주로 같은 네트워크 계층 간에 연결하여 사용하며, 하나의 라우터로 다수의 노드를 설정할 수 있습니다. 라우터는 환경 설정이 가능은 하나 다소 복잡한 부분이 있습니다. 최근에는 GUI 형식으로도 라우터를 설정할 수 있지만, 아직까지는 컨피그로 라우터를 설정합니다.

라우터의 가장 큰 장점은 유지 보수가 용이한 반면에 확장 또한 용이하다는 것입니다. 보통 망 또는 네트워크를 구축할 때 가장 많이 고려하는 부분이 유지 보수가 용이한가와 확장의 가능성입니다. 유지 보수의 경우는, 장애가 발생했을 때 장애의 원인을 찾아내고 보수하는 과정입니다. 라우터는 가장 윗단의 장비 중 하나이기 때문에 해당 망의 모든 트래픽을 관찰할 수 있고, 디버그를 걸어준다면 가장 쉽게 장애 발생지를 찾아 낼 수 있습니다. 확장의 경우는 초기 망은 작을지 몰라도 인원 또는 사원이 늘어났을 때 쉽게 라우터를 조인하여 망을 확장하는 데에 의미를 둡니다. 라우터는 대다수 같은 프로토콜을 사용해준다면 간단한 커맨드 몇 줄로 수백 개의 유저를 커버 가능합니다.

프로토콜의 한계의 경우, 가령 주니퍼 라우터를 사용할 경우 시스코 전용 프로토콜인 EIGRP를 사용할 수 없고 같은 망 내에 EIGRP가 있다면 해당 라우터에 대해서 주니퍼 라우터에서 응용 가능한 프로토콜로 재분배해 주어야만 합니다.

최근 가정에 사용되는 유무선 공유기의 경우도 영어로는 '라우터'라고 합니다. 그럼 분명 같은 라우터이기는 한데 ISP에서 사용되는 라우터는 최소 수십에서 많게는 수억에 이르는 이유가 뭘까요? 컴퓨터도 팬티엄 4와 i7 CPU의 가격의 차이가 있듯이, 라우터에서도 ISP에서 사용되는 고가 라우터는 훨씬 높은 성능의 CPU가 장착되어 있고 더욱 더 많은 트래픽을 동시에 처리할 수 있습니다.

또한 라우터는 IP 기반의 장비입니다. 다른 말로 라우터는 IP를 보고 출발지와 목적지를 판단합니다. 그 경우 다음 챕터에서 설명할 사설 IP와 공인 IP 를 잘못 착각할 경우 무한 루프가 발생하고 결과적으로는 통신이 불가하게 됩니다.

3-4 하나의 네트워크에서

이제 라우터와 스위치가 뭔지도 알았으니 하나의 네트워크에서 라우터와 스위치가 어떻게 작동하나 살펴 봅시다.

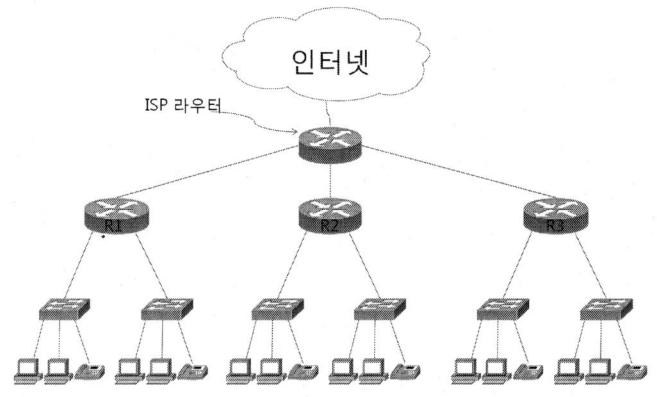

다음과 같은 망이 있다는 가정을 해보면, 해당 망에는 상단 라우터가 1대, 말단 라우터가 3대, 각각의 말단 라우터에 스위치 2대씩이 분배되어 있습니다. **라우터는 LAN이라는 Local Area Network과 WAN이라는 Wide Area Network을 연결해주는 장비입니다.** 해당 망의 경우 R1의 네트워크인 스위치 2대가 LAN에 해당되고 ISP의 네트워크인 인터넷이 WAN에 해당됩니다. LAN과 WAN은 관점에 따라 다

르게 정의가 됩니다. 자세한 설명은 다음 챕터에서 해보도록 하겠습니다. 일단 R1만 놓고 본다면,

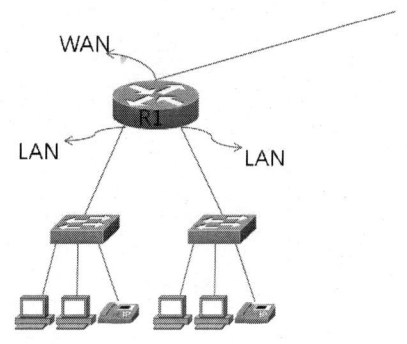

다음과 같이 ISP와 연결되는 포트 구간은 WAN으로 스위치들과 연결되는 구간은 LAN으로 고려할 수 있습니다. 만약 컴퓨터에서 웹 브라우저를 사용한다고 할 경우, 라우터의 입장에서는 LAN에서 오는 패킷을 WAN으로 전송 시켜주는 역할을 합니다. LAN과 WAN은 다른 종류의 네트워크로서, 라우터는 WAN과 LAN을 연결시켜 주는 역할을 담당함과 동시에 서로 다른 WAN을 연결시켜 주는 역할도 담당합니다. 반면 스위치는 LAN과 LAN을 연결시켜 주는 역할밖에 하지 못합니다. 그럼 스위치의 입장을 보면,

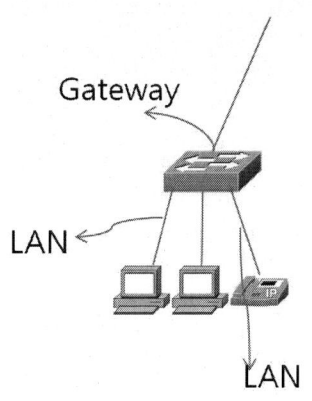

85

PC와 IP 전화기가 연결된 구간은 LAN으로 간주하는 반면 라우터와 연결된 구간은 Gateway, 즉 출구로 간주합니다. 다시 말해서, **스위치는 LAN과 LAN을 연결시켜 주는 장비**이지만, WAN과의 연결을 위해서 포트 중 하나를 게이트웨이로 잡고 LAN으로 간주되는 포트에서 패킷이 들어올 경우 게이트 웨이로 보내거나 또는 지정된 LAN포트에서 들어온 패킷은 다른 LAN 포트로 보내주게 됩니다. 결과적으로 스위치는 같은 네트워크(이 경우 LAN들)만 통신 시켜 줄 수 있으며, 인터넷 사용을 위해서는 라우터를 꼭 거쳐야만 합니다. 그러다 보니 스위치의 경우 이더넷 또는 패스트 이더넷 포트가 적게는 4개, 많게는 48개를 가진 반면 라우터의 경우 이더넷 AUI 포트와 시리얼 포트만 가지고 있습니다.

정리해 보자면,

▶ LAN과 WAN은 관점에 따라 정의된다.
▶ 라우터는 LAN과 WAN을 연결시켜 주거나 WAN과 WAN을 연결시켜 주는 장비 이다.
▶ 스위치는 LAN과 LAN을 연결시켜 주며 WAN과는 연결이 불가능하다.
▶ 스위치는 LAN을 커버하므로, 하나의 인풋 포트만 제외하고 나머지는 아웃풋 포트 또는 LAN포트이며 인풋 포트는 이 경우 Gateway로 칭해진다.
▶ 라우터는 시리얼 포트를 이용하여 서로 연결되며 스위치는 이더넷 포트를 이용하여 서로 연결된다.

이렇게 다섯 가지의 룰만 알고 계신다면 아무리 복잡한 네트워크 망을 봐도 어느 정도 LAN과 WAN을 구분해 내실 수 있고 결과적으로 구축에 대하여 감을 더 쉽게 잡으실 수 있습니다.

라우터 부팅 순서와 각 케이블의 용도도 알아야 하지만 초보자 단계에서는 혼란만 가중시키므로 챕터 7의 3routers 실습과 Part2 책에서 다루도록 하겠습니다.

Chapter 4

네트워크 개념과 간단한 TCP/IP&OSI 계층 풀이

네트워크, 영어로는 'Network는 Net'이라는 망을 뜻하는 단어와 'Work(일)'이라는 단어가 합성된 합성어입니다. 정확한 정의는, '서로를 연결해주는'이라는 뜻입니다. 다시 말해서, 서로를 연결해준다는 것은 서로 물리적으로 떨어져 있어도 서로 소통이 가능하다는 것입니다. 영어 정의로는,

A network is a collection of terminals, computers, servers, and components whichallows for the easy flow of data and use of resources between one another.

입니다. 해석을 해보자면 '네트워크는 터미널, 컴퓨터들, 서버들, 그리고 쉽게 데이터를 흐르게 하고 양쪽 사이에 자원을 쓸 수 있게 해주는 집합이다'라고 정의가 가능합니다. 쉽게 그림으로 설명해 보자면,

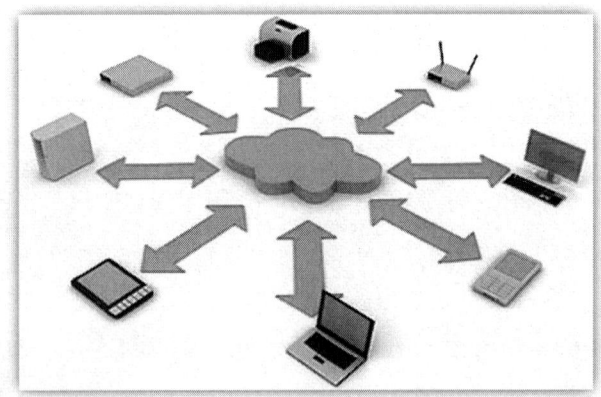

해당 망(네트워크)에는 PC, 모바일 기기들, 프린터, 노트북 및 서버가 있습니다. 다시 말해서 해당 그림에서 Router에 대한 네트워크는 PC, 모바일 기기들, 프린터, 노트북 및 서버가 있는 것입니다. 해달 설명은 명사일 경우에 쓰이는 설명이고, 동사로서는 '네트워킹을 하다'라고 하실 수 있습니다. 그럼 네트워킹은 무엇일까요? 간단합니다. 기기(컴퓨터, 서버, 라우터 등)을 상호 통신되게 하여주고, 또한 상호간에 1과 0으로 이루어진 데이터 패킷을 보내거나 받는 행위입니다.

4-1 네트워크의 3가지 종류

네트워크는 크게 거리, 크기에 따라 세 가지 유형으로 나누어집니다. 우리가 주위에서 흔히 볼 수 있는 LAN 네트워크는 Local Area Network로서 세 가지의 유형 중 가장 작은 네트워크에 속합니다. 비교적 작은 네트워크를 연결하는 데 사용되며, 가정, 사내(IntraNet) 등에 사용됩니다. 초기 구축 비용이 많이 들지만 유지 보수가 쉽다는 장점이 있습니다.

LAN과 LAN을 연결하는 네트워크는 WAN입니다. WAN은 'Wide Area Network'의 약자로서, 'Wide(넓은)'이라는 단어에서 볼 수 있듯이, LAN보다는 큰 기업 대 기업 정도를 연결하는 데 사용됩니다. 주로 Internet Service Provider(ISP)라는 인터넷 회선을 보유하고 있는 회사로서 망을 대여하여 사용합니다. ISP는 한국에서 K사, S사, L사 등 주로 네트워크 망을 설치하여 놓고 망 사용 요금을 받는 네트워크 회선 주인 정도로 보실 수 있습니다. 아무래도 WAN은 LAN과 LAN 사이를 연결하는 방식이다 보니 하나의 LAN에서 장애가 나면 다른 LAN에도 영향을 끼치고, 결과적으로 WAN 전체에 장애가 전파되어 보수가 어렵다는 단점이 있습니다. 하지만 망 임대 방식으로서 초기 비용이 적다는 장점이 있습니다.

가장 큰 방식으로서는, MAN(Metropolitan Area Network)라는 네트워크 방식이 있는데, 해당 방식은 주로 도시와 도시, 가령 서울과 부산을 연결할 때 사용됩니다. MAN은 주로 ISP에서 많이 관리하며, 국가 네트워크도 MAN의 한 종류입니다.

그럼 여기서 의문점이 생길 것입니다.

"Where did a network come from?"
네트워크는 어디서 왔지?

네트워크란 것이 태초부터는 존재하지 않았을 것임이 분명합니다. 그러면 누군가가 개발을 하였다는 것인데, 과연 누구일까요?

정답은 미국 국방부입니다.

미국 국방부에서 1969년부터 시작한 Advanced Research Project Agency(ARPA) Net, (APPANET이라고 불림)에서 네트워크의 기원을 찾아볼 수 있습니다. 정확한 공식 자료는 아니지만, 당시 미국은 소련과 핵전쟁에 대비 중에 있었다고 합니다. 만약 본토가 핵 공격에 의해 모든 통신이 차단되는 경우를 대비하기 위해서 시작한 프로젝트가 바로 ARPANET 프로젝트 이였습니다.

당시의 노드(nod) 또는 루트(route)로는 UCLA, California University, Stanford 연구소, Utah 대학 등이 있었습니다. 그 당시는 현재처럼 패킷이 사진, 및 VOD 패킷이 아닌 단순한 Text 패킷이 었습니다. 인류가 최초로 네트워크를 통해서 전송한 문자는 허무하게도 Lo입니다. 당시 LOGIN이라는 문자를 적으려고 하였으나, 통신 장애 때문에 Lo밖에 전송이 안 되었다고 합니다.

아파넷은 NCP(Network Control Program)라는 전송 통신규약(Protocol)을 사용하였으나, 1983년 TCP/IP가 이를 대체하며 지금의 인터넷으로 진화하게 되었습니다.

4-2 TCP/IP 4계층

TCP(Transmission Control Protocol) / IP(Internet Protocol)는 미국의 Defense Communication Agency, DAC에서 컴퓨터 간의 통신을 위해서 만든 프로토콜입니다. 대부분의 E-mail, WWW, ftp 등 네트워크 기반 서비스는 대부분 TCP/IP를 사용하고 있습니다. 많이들 헷갈려 하는 것이 TCP와 IP는 엄연히 독자적인 프로토콜들인데 왜 같이 다니냐는 것인데요. 답은 TCP/IP 계층에서 찾아볼 수 있습니다.

TCP/IP Layer, 또는 TCP/IP 계층은 4계층으로 이루어진 OSI 7계층과 같은 네트워크 계층입니다만 원래는 유닉스에서 사용되다 효율성이 입증됨에 따라 대부분의 네트워크에 사용되게 되었습니다. 미국 국방부가 OSI 7계층을 발표할 때까지는 모든 네트워크를 군림했었던 계층입니다.

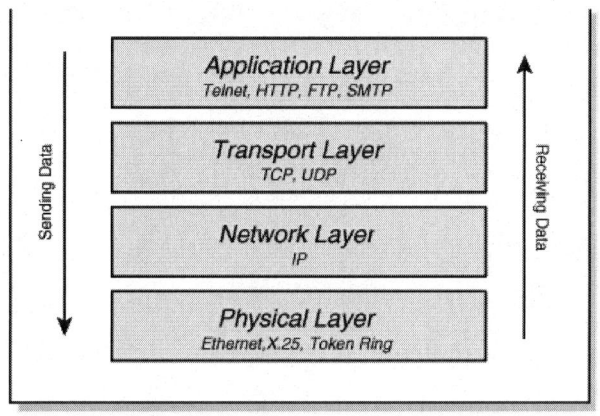

해당 표를 보시게 되면, 4개의 계층, Application, Transport, Network, Physical 계층으로 나누어져 있는 것을 보실 수 있습니다. 여기서 TCP 는 Transport 계층에 속하며, IP 는 Network 계층에 속합니다. 기억하셔야 될 것은 패킷을 보낼 때(Sending)와 받을 때(Receiving)는 서로 반대되는 순서로 패킷을 다룬다는 것입니다. 보낼 때에는 물리적 주소를 확인하고 TCP로 encapsulate(인캡슐레이트)하여 IP 주소를 확인 후 네트워크 포트로 보냅니다. 받을 때에는 반대되는 순서로 네트워크 포트로 받아서 IP 주소를 확인한 후 TCP로 decapsulate하여 주소를 확인하게 됩니다.

간단하게 이야기하자면,

        TCP 는 데이터를 패킷으로 자르고 다시 합치며
        IP 는 TCP 에 의해 잘려진 패킷을 목적지로 전송하는 역할을 하게 됩니다. 비교를 해보면 TCP는 생산자 역할을, IP는 택배 역할을 하게 됩니다. 그러다 보니, IP는 목적지까지만 잘 도착하는 데만 신경 쓰고 안에 있는 물건, 데이터가 잘 보관되어 있는지 확인을 안 하게 됩니다. 그럼 TCP는 생산자인 역할인 만큼, 그 데이터가 잘 배달되었는지 확인하고 제대로 배달이 안 되었다면 다시 데이터를 보내게 됩니다. 나중에 아시겠지만, OSPF 프로토콜에서 request와 reply 패킷의 용도가 TCP에 의해서 신뢰성을 높이기 위해서 사용되는 것입니다. 그럼 다시 본론으로 돌아와서, TCP와 IP의 역할은 각각 다르지만 각자의 역할을 합쳐 패킷이 목적지에 확실히 도착하게 합니다. 네트워크에서 패킷의 신뢰도는 생명이므로 TCP/IP라고 같이 쓰게 됩니다. 그러므로 TCP/IP 4계층은 해당과 같은 표에 의해서 각자의 역할을 하게 됩니다.

Layer 명칭	역할	예시
Application	송신을 위해 데이터 포맷	HTTP
Transport	세션의 초기화, 에러 제어, 패킷을 각각 헤더에 붙임	TCP, UDP
Network 또는 Internet	데이터를 IP 주소에 할당	IP
Physical 또는 Data-link	물리적인 전송을 담당	Ethernet, FDDI

표를 보시게 되면, 트렌스포트 계층의 역할이 유독 많은 것을 보실 수 있습니다. 많이들 패킷 운송될 때 통째로 보내진다고 생각하시지만, 사실은 패킷은 각각 세그먼트로 잘려서 보내지게 됩니다. 앞서 설명에서 TCP는 생산자의 역할이라고 하였죠? 예를 들어보면 1

톤짜리 빵을 보낸다고 생각해 봅시다. 1톤짜리 빵을 한 번에 보내려면 인건비도 많이 들고 힘도 들고 하여간 다른 부수적인 문제가 많이 발생합니다.

그럼 만약 1톤짜리를 100킬로그램씩 나눠 보낸다면 어떻게 될까요? 빵은 아무리 크나 작으나 맛은 항상 같으니 잘라도 상관없습니다. 다시 말해보자면 1톤짜리 빵을 100킬로그램씩 10개로 자른 후 배송하게 되면 조그마한 오토바이도 운송 가능하고 또한 10개를 동시에도 보낼 수 있으며 1톤짜리 트럭을 구하는 등 다른 추가적인 수고가 줄어들게 됩니다.

패킷도 마찬가지입니다. 빵처럼 큰 패킷은 각각 알맞은 크기의 세그먼트로 나누게 되고 나중에 도착지에서 조립해야 되니 1번부터 차례대로 태그를 각 각에 헤더에 붙이게 됩니다. 그럼 그놈의 헤더가 뭘까요? 헤더는 각 각의 세그먼트 앞에 붙여져 있는 일종의 택배의 운송장입니다. 헤더는 보통 20바이트로 이루어져 있습니다. 해당 그림을 보시게 되면,

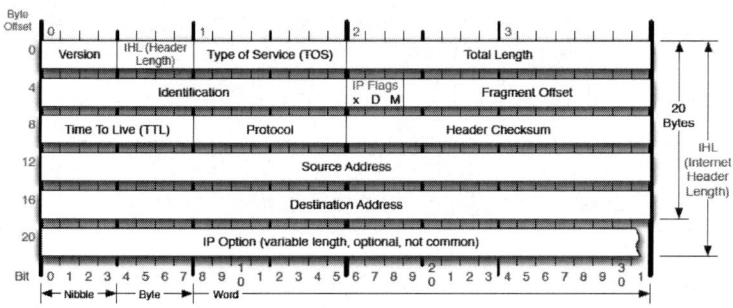

헤더가 앞에 붙고 그 뒤에 data가 붙게 된다고 되어 있습니다. 헤더는 목적지 주소, 출발지 주소, 각 세그먼트의 순번, 체크썸 등 여러가지 정보를 보유하고 있습니다. 목적지 주소야 주소를 찾아가기 위함이고 출발지 주소야 알맞은 곳에서 왔나 확인하는 것이며, 순번(Sequence Number)은 패킷을 조립할 때 필요한 것이라고 앞에서 설명했습니다. 그럼 체크썸은 뭘까요? Checksum(체크썸), check(확인하다)와 sum(더하다)가 합해져 있는 거 같지 않나요? '확인하면서 더하다'라. 아! 패킷에 오류가 있나 확인하여 더한 값이 맞아 떨어지면 무결점, 틀리면 결점이 있구나, 라고 유추가 가능하지 않을까요?

체크썸은 패킷이 운송되는 동안 오류가 발생하였나 안 하였나 확인해주는 역할을 하게 됩니다. 간단하게 설명해 보자면, 각각 세그먼트에 알맞은 무결점 값을 공식에 의해서 정한 뒤 목적지에서 공식에 의해서 계산하여 값이 틀리면 오류가 발생한 결점이 있는 패킷으로 생각하고 소각하고 다시 출발지에 알맞은 패킷을 보내달라고 요청(acknowledge)하게 됩니다.

많이들 사용되는 SQL Injection 공격이나 DDoS 공격이 해당과 같은 패킷의 헤더 값 중 체크썸 값을 스누핑하여 사용하는 공격입니다. 만약 출발지와 목적지 간에 패킷을 가로채어 중간에서 체크썸 값만 바꿔 목적지에 보내게 되면 무한 루프가 되어 엄청난 트래픽을 발생시킵니다. 하위 DDoS 공격은 순전히 트래픽만 많이 발생시키는 개념이지만, 상위 DDoS 공격은 타겟으로 가는 루트 중간에 스누핑을 설치하여 세크썸 값을 바꿔치기하여 무한 루프를 일으키게 됩니다.

패킷의 구조와 TCP/IP 계층에 대하여도 설명하였으니, 마지막으로 TCP 통신에서 3 way shaking이라는 방식에 대하여 설명하겠습니다.

3 way hand shaking이란 간단히 이야기하여, TCP 통신에서 서로 출발지와 목적지의 통신을 위한 준비 단계라고 설명 가능합니다. 3 way(3개의 방식)라고 타이틀에서 볼 수 있듯이, 3개의 단계로 서로의 통신을 해도 되는지 확인하는 작업입니다.

① Source(출발지)에서 Destination(목적지)에게 Syn를 보냅니다.
② 목적지는 해당 패킷을 받고 출발지에게 다시 Syn와 ACK를 보내게 됩니다.
③ 출발지는 해당 패킷들을 받고 데이터와 목적지에 Syn에 대한 ACK 를 동시에 보냅니다

복잡한 것 같지만, 전화를 거는 것으로 비교해 보면 간단합니다.

① B에게 전화를 겁니다. (syn가 보내짐)
② B는 A에게 전화가 온 것을 알고 통신이 가능하다고 알려줍니다.(ACK와 Syn를 보냄)
③ A는 다시 할 말을 보냄과 동시에 '알겠다' 라고 메시지를 보냅니다. (데이터와 ACK를 보냄)

감이 조금 잡히시나요? 그러면 다시, TCP의 해당과 같은 통신이 왜 중요할까요? TCP는 신뢰성이 생명입니다. 다시 말하면 해당과 같은 3 way hand shaking을 통해 신뢰성을 보장하고 패킷을 세그먼트로 잘라서 패킷의 전달이 쉽게 만들며 다시 헤더를 앞에 붙여 패킷이 오류가 발생하거나 조립 과정에서 문제가 없도록 보장해 줍니다.

그럼 이제 TCP/IP 계층도 알아봤으니 조금 더 신세대 적인 OSI 7계층에 대해서도 알아봅시다.

4-3 OSI 7계층

OSI 7계층, 영어로는 'Open Systems Interconnection 7 Layer Model'로서, IOS라는 국제 표준화 기구에서 정의한 체제입니다. 탄생 비화로는 70년대에 개인용 PC나 인터넷이라는 단어가 없어서 오픈 시스템 상호연결이라는 단어로서 OSI 7계층을 성립하였습니다. 정확한 명칭은 'OSI 7 Layers RM in ISO 7498'이라는 것으로 여기서 RM은 Reference Model(참조 모델)로서 네트워크 개발 때 참조하는 역할로서 사용된다는 명칭입니다. 많이들 헷갈려 하시는 게 OSI 7계층이 완벽한 모델이며 모든 네트워크 장치가 해당 모델을 기준으로 만들어졌다고 생각하시는데, 이는 잘못된 생각입니다. OSI 7계층에 완벽하게 부합하는 네트워크 장치는 있지도 않으며 순전히 '참조' 용으로만 만든 모델입니다. 즉, 각 계층마다 하는 일을 세분화하여 할당함으로써 복잡한 네트워크를 쉽게 이해할 수 있고, 작업의 효율성을 높임과 동시에 장애 발생 시 손쉽게 해결하기 위해서 만들었습니다.

앞서 배운 TCP/IP 모델과 비슷한 역할을 하지만 OSI 7계층은 3가지 계층(Presentation, Datalink, Session)이 추가되었습니다. 정말 간단하게 이야기해 보자면, TCP/IP는 정말 패킷을 주거니 받거니 하기 위해서 만든 모델이고 OSI는 각 역할별로 명칭을 부여해서 이에 알맞은 규칙(?)을 만들기 위해서 만든 모델입니다.

	데이터 유닛	Layer 명칭	역할	프로토콜
Host Layers	Data	7. Application	응용 인터페이스 제공	텔넷, FTP
	Data	6. Presentation	코드간의 번역을 담당	SSL, TLS
	Data	5. Session	응용 프로세스 관리	SAP, SIP
	Segments	4. Transport	양 끝단의 신뢰성 보장	TCP, UDP
Media Layers	Packet/Datagram	3. Network	경로를 찾아줌	ARP, IGMP
	Frame	2. Datalink	CRC 기반의 오류 및 흐름 제어	PPP, PPTP
	Bit	1. Physical	전기적 물리적 세부 사항 담당	

표를 봐도 아직 무슨 말인지는 잘 모르실 것입니다. 일단 이러한 각 계층이 있다는 것만 아시고 다음의 그림을 봐주세요.

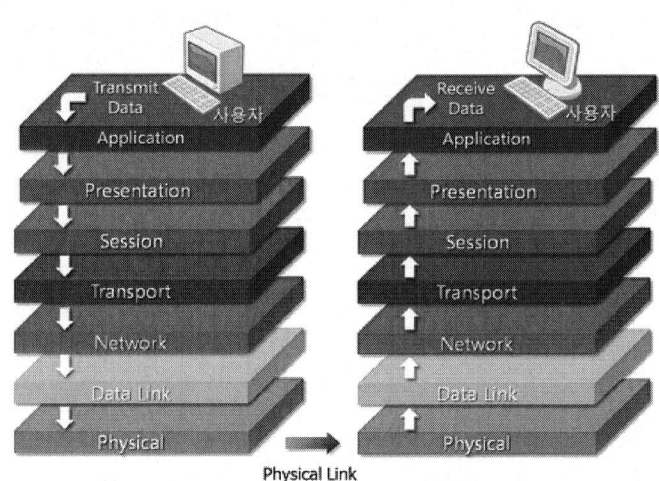

어째 TCP/IP 4계층과 비슷하지 않나요? 정확하게 이야기하자면 TCP/IP 모델을 그대로 쓰되(!) 각 계층을 세분화한 것이 OSI 7계층입니다. 그럼 한번 TCP/IP처럼 생각해 봅시다. 가령 왼쪽의 PC를 발신자 오른쪽의 PC를 수신자로 가정해 봅시다. 만약 발신자가 메신저로 "안녕하세요"를 보낼 경우 다음의 순서대로 보내지게 됩니다.

① 메신저의 인터페이스에 DHCP로 "안녕하세요" 메시지를 전송
② "안녕하세요" 코드가 담긴 패킷을 인캡슐레이션
③ 프로세서 통신이 제대로 성립이 되었나 확인
④ TCP로 양 끝단의 신뢰성 성립

⑤ 수신자로 가는 경로 확인
⑥ 패킷에 오류가 없나 확인
⑦ 0과 1로 이루어진 전기 신호를 수신자의 물리 계층으로 전송

이렇게 발신자의 역할은 마치게 됩니다. 그럼 수신자가 패킷을 받을 때는 어떻게 될까요?

① 0과 1로 이루어진 전기 신호를 수신
② 패킷의 오류 검사
③ 발신자의 경로를 확인
④ TCP로 양 끝단의 신뢰성 성립
⑤ 프로세서 통신이 제대로 성립되나를 확인
⑥ "안녕하세요" 코드가 담긴 패킷을 디캡슐레이션
⑦ 메신저의 인터페이스에 DHCP로 "안녕하세요" 메시지를 전송

이와 같이 수신자와 발신자는 통신을 하게 됩니다. TCP/IP와 같이 보낼 때는 7에서 1로 역순, 받을 때는 1에서 7로 정주행(?)하게 됩니다. 정리를 하여 보자면, 보낼 때는 높은 계층에서 낮은 계층으로 가며 받을 때는 (보낼 때와 반대로) 낮은 계층에서 높은 계층으로 올라오게 됩니다. 그림에도 자세히 보시면, 반대로 화살표가 되어 있는 것을 확인하실 수 있습니다. 그리고 받을 때는 맨 앞에 추가 헤더가 붙는 반면, 내려갈 때는 맨 앞의 헤더를 잃게 됩니다.

그럼 이제 한번 자세히 각 계층에 대해서도 좀 더 자세히 알아 봅시다.

Layer1 Physical Layer(물리 계층)

물리 계층은 TCP/IP의 물리 계층과 마찬가지로 전기적 신호를 보내는 계층입니다. 정말로 간단하게 0과 1로 이루어진 전기 신호만 보내게 되며 장애 발생의 경우 On, Off 둘 중 하나가 문제가 되는 경우입니다. 대표적인 장비로서는 Hub(허브)와 Repeater(리피터)가 있습니다. 앞 챕터에서 말씀 드렸듯이, 허브는 스위치의 일종 이지만 리피터 스위치라고도 불립니다. 프로토콜은 따로 존재하지 않으며, 다만 굳이 정의를 하자면 electron(전자)로 정의할 수 있습니다.

Layer2 Datalink Layer(데이터 링크 계층)

데이터 링크 계층은 물리 계층에서 오는 0과 1의 신호에 대하여 CRC기반으로 오류 및 흐름 제어를 하는 계층입니다. 꼭 오류만 체크하는 것이 아니라 상황에 맞게 재전송이나 재요청 등을 하게 됩니다. 또한 맥 주소(Mac Address)를 가지고 흐름을 제어 할 수도 있습니다. 대표적인 프로토콜로서는 이더넷, PPP, PPTP가 있으며 흔히 말하는 Layer 2 장비인 스위치와 브리지가 해당 계층의 장비입니다.

Layer3 Network Layer(네트워크 계층)

네트워크 계층은 TCP/IP에서의 네트워크 계층과 흡사한 역할을 수행합니다. 주로 경로를 찾아주는 역할을 수행합니다. 주로 우리가 말하는 IP는 해당 계층에 포함되며, 우리가 흔히 말하는 IP 라우팅이 해당 계층에서 이루어지게 됩니다. 대표적인 프로토콜로서는 ARP, RARP, IP, ICMP, IGMP가 있으며, 우리가 가장 많이 다룰 라우터가 바로 3계층의 장비입니다. 앞 장에서 말씀 드린 Layer 3 스위치도 라우터와 같은 기능을 수행하므로 3계층에 속합니다.

Layer4 Transport Layer(전송 계층)

전송 계층은 양 끝 단의 신뢰성을 보장하기 위하여 만들어진 계층입니다. 가령 전송 계층이 없다면 패킷들은 중간에 수신자가 받았는지도 아니면 루스 됐는지도 모른 채 떠돌게 됩니다. 앞서 배우셨던 TCP의 3 Way Handshaking 전송 계층과 같은 역할을 수행합니다. 대표적인 프로토콜로서는 TCP와 UDP가 있으며, 장비는 따로 없습니다.

Layer5 Session Layer(세션 계층)

세션 계층은 각 데이터의 세션(연결)을 담당하며 응용 프로세스에서의 통신 신뢰성을 담당하게 됩니다. 주로 NetBios, SAP, SIP의 프로토콜들이 사용됩니다. NetBios의 경우 IBM에서 계발한 프로토콜인데 90년대 초 ADSL이 상용화되지 않고 전화 접속이 활발할 때 흔히 말하는 NCB 형식의 메시지를 주고 받기 위해서 개발되었습니다. 지금의 메신저 개념이라고 생각하시면 됩니다.

Layer6 Presentation Layer(표현 계층)

표현 계층은 데이터의 암호화 및 압축이 가능하며, 주로 데이터를 코드간 번역하는 데 사용되는 계층입니다. MIME, SSL, TLS 등의 프로토콜이 사용되며, SSL(Secure Sockets Layer)의 경우 가장 대표적인 데이터 암호화 형식입니다. 주로 우리가 흔히 말하는 DDoS 방어 장비 및 보안 장비가 표현 계층에 포함됩니다.

Layer7 Application Layer(응용 계층)

응용 계층은 말 그대로 응용 프로세서에 인터페이스를 제공하는 역할을 담당하며 텔넷, FTP, SNMP, POP, DHCP, HTTP, DNS 등 일반 사용자가 대다수 접하는 프로토콜이 이에 해당됩니다.

혹시 눈치 빠른 분이시면 눈치 채셨을 텐데요. "아니 이 자식 4계층부터는 장비 이야기가 없네?"라고요. 제가 그냥 은근 슬쩍 넘어가는 성격은 아니죠! 장비가 없는 이유를 알려면 하위 계층과 상위 계층부터 감을 잡으셔야 합니다. 영어로는 'Lower Layer' 또는 'Media Layer'라고 하며 한국에서는 주로 하위 계층이라고 부릅니다. 하위 계층은 주로 1계층부터 3계층까지를 뜻하며 관리자들이 관리하는 장비를 뜻하게 됩니다. 우리가 주로 만지는 케이블부터 시작하여 스위치 및 라우터가 하위 계층(TT)인 하위층에 속하며 'Upper Layer' 또는 'Host Layer'라고 불리는 상위 계층은 주로 유저층인 개인 사용자가 관리하게 되는 계층입니다. 그러다 보니 주로 프로토콜 형식의 논리적인 것이 많으며 유일하게 6계층의 보안 계층에서 보안 장비만을 우리가 관리 및 운용하게 됩니다.

앞서 잠깐 말씀 드렸는데 위의 계층에서 밑의 계층으로 내려갈수록 앞의 헤더가 붙고 결과적으로 데이터가 커집니다.

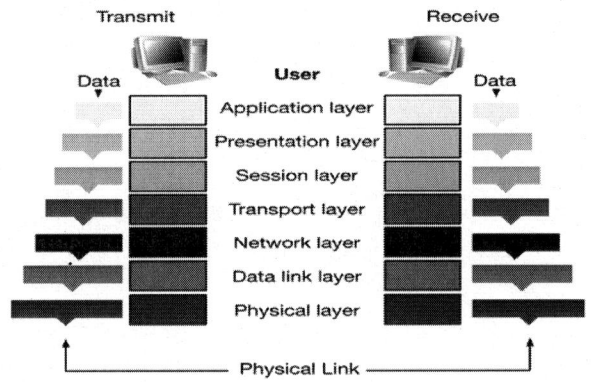

결과적으로 그림과 같이 데이터가 커지면서 물리계층에서 전송 바로 직전에 데이터가 가장 커지게 됩니다. 물론 수신할 때는 발신의 순서와 반대되는 1부터 7로 올라갑니다.

앞에서부터 자꾸 OSI 7계층은 TCP/IP 4계층과 비슷하다고 하였죠? 그럼 보기 쉽게 한번 표로 정리해 보겠습니다.

TCP/IP 계층	OSI 7 계층
Application Layer	Application Layer
	Presentation Layer
	Session Layer
Transport Layer	Transport Layer
Network Layer 또는 Internet Layer	Network Layer
Physical Layer	Datalink Layer
	Physical Layer

이렇게 TCP/IP는 4계층으로 세분화가 되어 있지 않은 반면 OSI는 7계층으로 특히 Application 계층을 3개의 독자 계층으로 나눔으로써 관리의 용이를 향상시키고 효율성을 배가 시켰습니다. 만약 어떠한 망에서 장애가 발생할 경우, 우리는 간단히 말단 PC에서 디버깅을 건 후 어떠한 헤더가 패킷에 포함되지 않았는지만 분석하면 간단하게 해결됩니다. 그런데 있잖아요, OSI 7계층이 RM(참조 모델)이지만 실질적으로 대세(!)가 되어 거의 모든 네트워크 방면에 기준이 되어 버렸습니다. 특히 Network 계층에 속하는 IP는 너무나도 중요하게 되어 버렸죠. 다음 섹션에서는 IP에 대해서 알아 봅시다.

4-4 아이피 주소

혹시 예전에 K 모 사에서 방송하였던 〈아이리스〉라는 방송을 보셨나요? 대단한 북한의 테러에 의해서 한국이 위기를 막는다는 내용의 약간은 초딩(?)스러운 드라마였는데요. 해당 드라마는 시스코 시스템즈에서 협찬을 받았습니다. 그러다 보니 자연스럽게 네트워커들이 많이 보게 되었었네요. 해당 사진에서 무엇이 잘못 되었는지 찾을 수 있으신가요?

못 찾으셨다고 하여도 괜찮습니다. 요번 챕터를 읽고 나면 조금 더 쉽게 옥의 티를 잡으실 수 있으실 것입니다. IP 주소 또는 Internet

Protocol Address는 하나의 주소 같은 개념입니다. IP 주소는 크게 버전 4(IPv4)와 버전 6(IPv6)으로 구별되어 있습니다.

IPv4는 현재까지 사용되는 IP 주소 체계로서, 총 4개의 옥텟과 12개의 개별 숫자로 구성되어 있습니다. 각 마디(옥텟)의 숫자는 255(0~255)를 넘을 수 없으며 이 경우 0은 포함되어 카운트하기 때문에, 256개의 숫자를 사용하실 수 있습니다. 또한 IP 주소는 이진수 체제를 사용합니다. 물론 컴퓨터가 0과 1로 이루어진 이진수 체계로 설계되어 있어서도 있지만, 이진수를 사용함으로써 VLSM과 서브넷에서의 충돌을 막을 수 있습니다. 이진수의 경우 0과 1로만 숫자를 표기하는 방식으로서, 아마 초등학교 때 배운 분들이 많으실 것입니다. 다만 한 번 다시 짚고 넘어가도록 하겠습니다. 십진수를 이진수로 변환하실 때는 1을 9로 생각하시면 간단합니다. 이진수로 표기할 경우, 1은 1로, 2는 10으로 3은 11로 표기됩니다. 규칙이 조금 보이시나요? 1을 9로 생각하였을 경우 1이 꽉 찼으니, 10으로 바꾸고 10에서는 0에 1을 채울 수 있으니 11로 바꾸는 것입니다. 그럼 11이 꽉 찼으니 십진수의 4를 표기할 때는 어떻게 할까요? 정답은 100입니다. 다음과 같은 규칙을 지키고 십진수를 이진수로 바꾸면 21이라는 십진수의 숫자를 이진수로 표기할 경우,

$$21 = 10101$$

해당과 같이 변환하실 수 있습니다. 한번 시간이 되시면, 0부터

255까지 이진수로 변환해 보시는 것도 좋습니다. 다른 얍시(?)를 말씀드리자면, 이진수에서 2의 배수는 '1' 하나와 나머지는 0으로 이루어져 있습니다. 가령, 64라는 십진수를 이진수로 변경할 경우, 1000000으로 변경 가능합니다. 그럼 만약 65와 63을 변환하기 위해서는, 1000001과 111111로 변경 가능합니다. 다음 표는 2의 배수에 해당되는 십진수 숫자를 이진수로 변환한 것입니다.

2의 배수	십진수 숫자	이진수 숫자
2^1	2	10
2^2	4	100
2^3	8	1000
2^4	16	10000
2^5	32	100000
2^6	64	100000
2^7	128	1000000
2^8	256	10000000

암기하는 방법은 2의 승수만큼 0이 들어가 있다는 것입니다. 가령 2의 8승인 256의 경우, 1xxx 형식에서 0이 8개 들어가 있습니다.

그럼 다시 IPv4로 돌아가서, 한 옥텟 당 이진수가 8개 들어가 있고, 4개의 옥텟, 또는 32개의 이진수로 이루어져 있습니다. 그 결과 IPv4는 2의 32승으로 이루어져 있으며, 총

2^{32}개 = 42억 9496만 7296개

만큼의 주소를 가지고 있습니다.

현재 지구의 총 인구가 약 60억 정도인데 42억 개 정도의 주소면 절대적으로 적은 주소가 아닙니다. WHO에서 발표한 보고서에 의하면 총 인구의 50%보다 적은 사람들이 인터넷에 접속하고 있으며 약 40억 정도면 모든 주소를 커버하고도 남을 것이라고 하였습니다. But ! 최근에 컴퓨터와 서버 외에 다른 네트워크 디바이스(스마트폰)들이 생겨나면서 1인당 평균 3개의 주소를 사용하게 되었습니다. 총 인구의 50%만 잡고 3개씩만 잡아도 약 90억 개의 주소가 필요하게 됩니다. 또한 최근 유비쿼터스의 진화로 인하여, IPTV, IP전화, IP냉장고 등 환장하도록(!) 많은 주소가 필요하게 되었습니다. 그 결과 IPv6라는 것을 개발하게 되었습니다. IPv6는 32비트로 구성된 IPv4와는 다르게 128비트로 구성되어 있으며

2^{128}개 = 340간 2823구 6692양 938자 4634해 6337경 4607조 4317억 6821만 1456개

의 주소를 가지게 됩니다. 한국에서는 2010년부터 IPv4의 고갈에 대비하여 IPv6를 설치하고 있으며 IPv4 고갈에서 자유로운 사설 IP를 제외하고는 대부분의 공인 IPv4는 IPv6와 동시에 운용되는 형태를 가지고 있습니다. 하지만 아직까지 많은 백업용 서버와 같은 평상시에는 운용되지 않는 기기들은 아직도 IPv4를 기반으로 돌아가고 있습니다. 혹시 아직도 XP를 쓰시는 분은 네트워크 환경에서 IP를 체크해 보시기 바랍니다. 비스타와 윈도우7은 IPv6를 DHCP로부터 받아오지만, XP까지는 IPv4만을 받아옵니다.

IPv4는 ICANN이라는 국제기구에서 각 대륙에 할당하여 아시아는 APNIC에 할당됩니다. 그리고 APNIC에서 다시 KISA로 할당되고 다시 ISP가 주소를 요청하여 개인 사용자에게 할당되는 체제를 가지고 있습니다. 현재 2012년 9월을 기준으로 APNIC에는 약 0.92%만이 남았으며 한국의 주소는 현재 7%만이 남았지만 /8s 대역은 모두 소진된 상태입니다. 다음은 인터넷 관리 기구를 표기한 그림입니다.

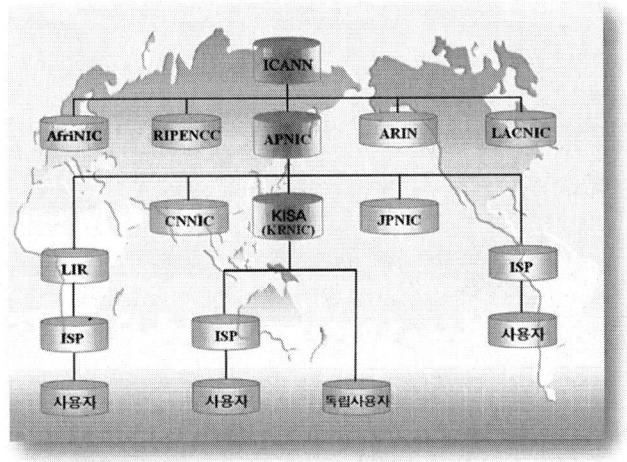

〈출처https://ip.kisa.or.kr/main.html〉

각 대륙 별로 IP 소진 상태는, http://inetcore.com/project/ipv4ec/index_ko.html 에서 확인 가능합니다.

IPv4의 경우는 각 클래스 별로 주소가 할당되어 있는 방식입니다. 일단 표를 한번 보시고 그 후 설명을 보도록 합시다.

Class	할당 주소	용도	노드 당 IP 개수
A	0.0.0.0 ~ 127.255.255.255	초대형 네트워크	16,777,214 (2^{24}-2)
B	128.0.0.0 ~ 191.255.255.255	대규모 네트워크	65,534 (2^{16}-2)
C	192.0.0.0 ~ 223.255.255.255	소규모 네트워크	254 (2^{8}-2)
D	224.0.0.0 ~ 239.255.255.255	멀티캐스트	"
E	240.0.0.0 ~ 255.255.255.255	연구 개발	"

A 클래스는 IP 수가 가장 많은 최상위 단계의 클래스입니다. 주로 ICANN에서 할당하며 KISA에서 할당 할 때는 다음 섹션에서 배울 VLSM을 사용하여 잘라서 할당합니다. IP 주소는 크게 공인 아이피와 사설 아이피로 나누어집니다. 공인 아이피는 주로 WAN에서 사용되어 모든 사람이 접근할 경우 사용되며 사설 아이피는 주로 LAN에서 사용되어 실질적으로 외부에서 볼 수 있는 IP는 공인 아이피입니다. 조금 더 기술적으로 이야기하자면,

공인 아이피 : 인터넷에 있는 라우터를 통과할 수 있는 주소
사설 아이피 : 같은 네트워크에서는 통신이 되지만, 인터넷은 통과 불가능
              한 주소
로 설명 가능합니다. 사설 아이피 대역은 A, B, C 클래스에 각각 존재하며,
A 클래스 : 10.0.0.0 ~ 10.255.255.255
B 클래스 : 172.16.0.0 ~ 172.32.255.255
C 클래스 : 192.168.0.0 ~ 192.168.255.255

가 사용됩니다. 주로 우리가 공유기를 사용할 때 보는 주소는 192.168.0.X 형식으로 C 클래스의 사설 아이피에 해당됩니다. 한번 각 클래스에 대해서 살펴 봅시다.

A 클래스의 경우는 앞서 말씀드린 것과 같이 초대형 네트워크 즉 국가간의 네트워크나 또는 범국가적 네트워크를 구축할 때 많이 사용됩니다. A 클래스에서는 0과 127로 시작되는 주소는 예약된 주소로 사용됩니다. 결과적으로,

0.0.0.0 과 127.0.0.0

은 사용하실 수 없습니다. 혹시 컴공이신 분들은 127.0.0.1의 용도를 아실 것입니다. 127.0.0.1은 루프백(셀프) 주소이며 인터넷이 되지 않는 컴퓨터도 랜카드만 설치되어 있다면, 127.0.0.1로 핑이 갑니다. 우리가 보통 말하는 IP 주소는 정확하게는 IP 호스트 주소로서, 127.0.0.0 ~ 127.0.0.255를 예로서 설명한다면,

호스트 주소: 127.0.0.1 ~ 127.255.255.254

가 되며 네트워크 ID 와 호스트 ID는 가장 첫째와 가장 마지막을 쓰므로,

네트워크 ID: 127.0.0.0

호스트 ID: 127.255.255.255

가 해당됩니다. 표에서 보면 노드 당 몇 개의 숫자다, 라고 말씀드렸는데, 여기서 노드란 A 클래스 에서는 가장 앞의 옥텟이 해당됩니다. 결국 각 노드 당 8개의 비트로 이루어진 옥텟이 3개가 있으니 2의 24승인 16,777,216개가 할당 가능하며, 여기서 다시 가장 앞의

주소인 0과 가장 마지막인 255는 사용 불가능한 주소이므로 2개를 뺀 16,777,214개가 사용 가능한 것입니다.

B 클래스의 경우는 대규모 네트워크 즉, ISP 단 네트워크에서 사용되는 IP로서 주로 서버 구축 시에 많이 사용 됩니다. B 클래스는 네트워크 ID와 호스트 ID 주소를 제외한 대부분의 호스트 아이피가 사용 가능하며, 다만 128.0.191.255는 브로드캐스트 주소로 예약되어 있어서 사용 불가능합니다. 마찬가지로 B 클래스도 노드 당 각 수가 정해져 있으며, B 클래스의 경우 서브넷 마스크가 255.255.0.0 으로 16진수이므로, 2의 16승인 65,536이 사용 가능하나 가장 첫째와 마지막을 뺀 65,534의 IP가 각 노드 당 사용 가능합니다. 또한 16비트로서, 두 번째 옥텟에서 0과 255는 사용 불가능합니다. 그러므로, 128.0.0.0과 191.255.0.0은 사용 불가능합니다.

C 클래스의 경우는 소규모 네트워크 즉, 일반 사용자 또는 사무실에서 사용되는 IP로서 작은 사무실에 서버 구축이나 또는 작은 사업장에 IP주소를 할당할 때 사용됩니다. 마찬가지로 8비트로, 세 번째 옥텟에서 0과 255는 사용이 불가능합니다. 그로므로, 192.0.0.0과 223.255.225.0은 사용 불가능합니다.

D 클래스의 경우는 멀티캐스트라는 한 사용자가 다수의 사용자에게 패킷을 전달할 때 사용되는 주소들로서, 실제 네트워크에서는 사용되어지지 않고 다만 에러 발생 시 멀티캐스트의 주소를 가지고

각 라우팅 프로토콜의 장애를 잡아내는 데 사용됩니다. 또는 방송국처럼 한 사용자가 다수의 사용자에게 한 번에 패킷을 전송할 때 사용되는 멀티캐스트 라우팅에서 사용됩니다.

E 클래스의 경우는 연구 또는 개발 목적으로 예약된 주소로서, 연구개발 단체들에게 할당되어 인터넷 개발 목적으로 사용되는 주소입니다.

그럼 여기서 많이 질문하는 것이, '저 표 값을 그대로 외워서 사용해야 하는 것인가'입니다. 물론 외우면 좋지만, 다른 방법으로도 각 주소 범위를 찾아낼 수 있습니다. 한번 A 클래스를 이진수로 변경해 보면,

<u>0</u>0000000.00000000.00000000.00000000 (0.0.0.0) ~
<u>0</u>1111111.11111111.11111111.11111111 (127.255.255.255)

로 변경이 가능합니다. 혹시 규칙이 보이시나요? A 클래스의 경우 십진수 IP를 이진수로 바꾸게 되면 앞의 1비트(식별용 비트)가 '0'으로 시작합니다. 가장 앞의 옥텟(8비트)은 IP 호스트 네트워크 주소로 사용되며, 뒤의 나머지 3개의 옥텟(24비트)은 IP 네트워크 주소로 사용됩니다. 그럼 한번 B 클래스도 봐볼까요? 이진수로 바꿔보시면,

<u>10</u>000000.00000000.00000000.00000000 (128.0.0.0) ~
<u>10</u>111111.11111111.11111111.11111111 (191.255.255.255)

로 바뀌지게 됩니다. B 클래스는 앞의 2비트가 '10'으로 시작합니다. 그리고 앞의 두 옥텟(16비트)은 IP 호스트 주소, 나머지 두 옥텟(16비트)은 IP 네트워크 주소로 사용됩니다. 그럼 C 클래스도 한번 봅시다. 이진수로 바꿔보시면,

<pre>
11000000.00000000.00000000.00000000 (192.0.0.0) ~
11011111.11111111.11111111.11111111 (223.255.255.255)
</pre>

로 바뀌지게 되며, 앞의 3비트가 '110'으로 시작합니다. 그리고 마찬가지로 앞의 셋 옥텟(24비트)은 IP 호스트 주소, 나머지 한 옥텟(8비트)은 IP 네트워크 주소로 사용됩니다. 그럼 이제 각 클래스별 IPv4의 주소의 체계도 알았으니 해당 섹션의 첫 번째 페이지에서 말했던 옥의 티가 뭔지 알아볼까요?

**IP ADDRESS
218.54.743.183**

짜잔! 바로 218.54.743.183에서 743 부분입니다. 218은 C 클래스라서 사용 가능한 주소에 속하지만, 743은 2의 8승인 256을 넘어가니 사용 불가능한 주소입니다. 즉, IPv4에서는 사용 불가능한 주소인데 743이 나와서 옥의 티였습니다. 그럼 다음 섹션에서는 한번 IP의 뗄 수 없는 친구인 서브넷 마스크에 대해서 알아 봅시다.

이진수로 변경할 때 많은 분들이 다소 힘들어 합니다. 그거 아세요? 우리 빌 게이츠 형님이 우리 같은 네트워커를 위해서 십진수를 이진수로 변경할 때 계산기에서 하게 해준 것입니다. 계산기를 켠 후,

과 같이 보기를 클릭하시면,

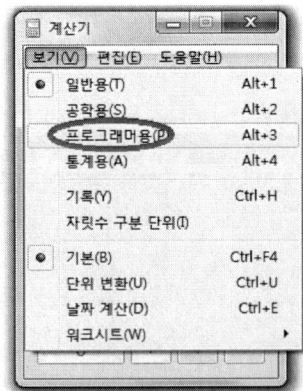

다음과 같이 프로그래머용이라는 다른 계산기가 나오게 됩니다. 클릭하시게 되면,

해당과 같이 프로그래머용이 나오게 됩니다. 여기서 왼쪽 중간의 Dec는 십진수 Bin은 이진수를 뜻하게 됩니다. 예를 들어 232라는 십진수를 이진수로 바꿀 경우, Dec가 체크되어 있는 상태에서 232를 타입 하신 후,

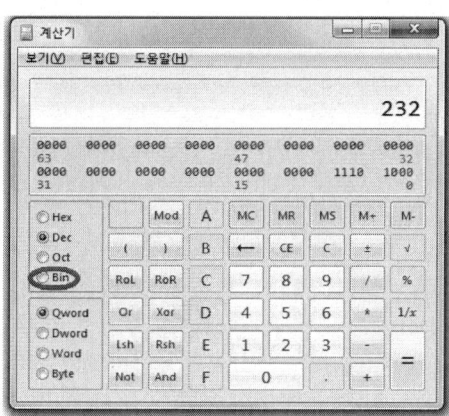

동그라미 안에 Bin을 클릭하시게 되면,

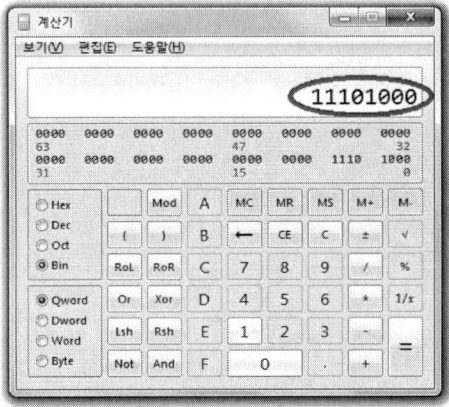

십진수의 수가 이진수로 바뀐 것을 확인 하실 수 있습니다. 이진수를 십진수로 바꿀 때는 마찬가지로 이진수(Bin)을 체크해 놓은 상태에서 이진수를 타입 하신 후, 십진수(Dec)를 체크하시면 됩니다.

4-5
서브넷 마스크

지금까지 IP주소에 대한 컨셉트도 잡았으니 한번 서브넷이라는 개념에 대해서도 잡아 봅시다. 서브넷 마스크(Subnet Mask)란, Sub(하위), Net(네트워크)를 구분하는 Mask(표기)법입니다. 가령 우편물을 전달할 때 예제를 들어 봅시다. 만약 102동 408호라는 집에 우편물을 배달할 때는 102동까지는 IP 주소로 배달이 가능하지만, 408호라는 집까지 배달하기 위해서는 서브넷 마스크가 필요 합니다. 앞서 배웠던 각 주소의 클래스는 4층이라는 '층수'를 표시한다면 서브넷 마스크야 말로 몇 '호'를 표시하는 기법입니다. 한번 각 컴퓨터에 인터넷 주소를 알아봅시다. 윈도우 XP에서는 실행을 비스타나 7에서는 윈도우키 + R을 동시에 눌러 실행을 키시고, cmd를 입력하시면 작은 도스 창이 나옵니다. 거기서 ipconfig /all이라고 치시면, 다음과 같이 IPv4와 IPv6와 Subnet mask를 확인하실 수 있습니다.

```
링크-로컬 IPv6 주소 . . . . : fe80::50a5:e4bb:8327:c003%11(기본 설정)
IPv4 주소 . . . . . . . . . : 192.168.0.3(기본 설정)
서브넷 마스크 . . . . . . . : 255.255.255.0
```

보통 대부분의 공유기를 사용하는 집이라면 255.255.255.0으로 확인 가능합니다. IPv4에서 각 주소별로 클래스가 나누어져 있듯이, 서브넷 마스크도 각 주소 별로 클래스가 나누어져 있습니다.

가령 255.255.255.0은 24비트로서 C 클래스에 해당합니다. 뭔가 IPv4와 비슷하지 않은가요? 서브넷 마스크도 각 십진수 수를 이진수로 변경하여 사용합니다. C 클래스인 24비트는

11111111.11111111.11111111.0

로 표시 가능합니다. 다음의 표는 각 클래스 별로 이진수와 십진수(비트수)를 정리해 놓은 것입니다. D 클래스는 실질적으로 사용되는 클래스는 아니며, 32비트는 결과적으로 하나의 IPv4 주소가 성립되므로 클래스 개념에서는 제외하나 차후 습득하실 VLSM 기법에서 31비트 주소 계산의 편의성을 위해서 포함시켰습니다.

클래스	이진수	십진수
A	11111111.0.0.0	255.0.0.0 /8
B	11111111.11111111.0.0	255.255.0.0 /16
C	11111111.11111111.11111111.0	255.255.255.0 /24
D	11111111.11111111.11111111.11111111	255.255.255.255 /32

아니, 각 IP 주소에 서브넷 마스크가 이미 정의되어 있다면서 왜 다시 복잡하게 서브넷 마스크를 입력하여 주소를 정의할까요? 물론 각 서브넷 마스크가 정의되어 있어 각 ISP에서 적용해 놓은 서브넷

마스크를 맞춰야지 인터넷이 되는 것도 있지만, 앞서 설명한 IPv4에서 42억 개의 주소의 한계를 극복하기 위해서 서브넷 마스크를 이용하여 주소를 잘라서 사용하게 되었습니다. 서브넷 마스크는 정확하게는 한 IP 네트워크 안에서 주소를 논리적으로 잘라서 부가그룹을 만들기 위해서 사용되었으며, 이렇게 IP네트워크는 같지만, 논리적으로 자르는 작업을 Subnetting(서브넷팅)이라고 합니다. 그리고 이렇게 나누어진 서브넷을 Virtual Length Subnet Mask(VLSM)이라고 부릅니다. 정리하여 보자면, 원형 서브넷 마스크를 서브넷팅하여 자른 서브넷 마스크를 VLSM 가변길이 서브넷 마스크라고 부릅니다. VLSM은 주로 VLSM이라고 부르고 가변길이 서브넷 마스크는 주로 한국어 번역 책에서만 나옵니다.

그럼 한번 생각해 봅시다. 가령 A 클래스의 서브넷인 /8가 백만 개 이상의 호스트를 커버해 준다면 왜 굳이 서브넷팅을 하여 귀찮게 사용할까요? 글쎄요, 한번 개발자 여러분에게 여쭤보세요, 라고도 할 수 있지만, 실질적으로 하나의 라우터가 백만 개 이상의 호스트를 처리한다는 것은 물리적으로도 논리적으로도 불가능합니다. 만약 IXX사의 슈퍼 컴퓨터를 논리적 라우터로 만들어서 처리한다면 모를까 일반 라우터 또는 백억을 호가하는 초호화 라우터라도 백만 개 이상의 호스트를 처리하다가는 트래픽이 막히거나 라우터가 훅(?) 하고 하얗게 불타 버립니다.

흔히들 요즘 하이브리드 라고 하여 최대한의 자원을 아끼려고 하죠? 그와 같이 1980년도부터 이미 IPv4의 문제점이 제기되어 서브넷팅을 사용하기 시작하였습니다.

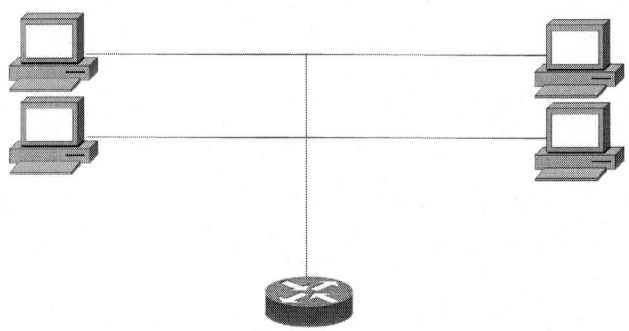

그럼 다음과 같이 한대의 라우터가 4대의 PC를 가진 네트워크를 커버한다고 생각해 봅시다. 그럼 가장 작은 C 클래스의 IP와 서브넷을 사용한다고 할 경우 만약 200.200.200.X 대역을 사용한다고 할 경우 네트워크 ID와 호스트 ID를 제외하고 최소 254개의 IP가 사용 가능합니다. 하지만 아무리 확장성을 생각하여 초기 구축한다고 하여도 5개의 IP만이 필요한데 굳이 249개를 낭비한다는 건 아무리 생각해도 비정상적인 생각이죠.(그리고 IP 가격도 생각해야죠.) 그래서 이와 같이 PC 4개와 라우터의 LAN 쪽 IP를 포함한 총 5개의 네트워크만을 필요로 하게 됩니다. 그럼 이때는 가장 작은 C 클래스에서 200.200.200.X 대역에서 서브넷팅을 시작하시면 됩니다.

서브넷팅의 규칙은 3가지만 기억하시면 됩니다.

① 호스트 자리가 0인 것과 1인 것은 사용 불가능하다.(-2를 하는 이유)
② 사용 가능 IP 수는 = 2·(호스트 비트수)- 2
③ 호스트 자리를 제외한 나머지 숫자는 덩어리를 표식이다.

그럼 다시 예제로 돌아와서 한번 같이 서브넷팅을 해봅시다. 200.200.200.X 대역은 C 클래스 고 디폴트 서브넷은 255.255.255.0 입니다. 그럼 우리는 최소 5개의 호스트 수가 필요하고 5개 + 2개(0 과 1인 것)이니 총 7개의 IP가 미니멈으로 필요합니다. 그럼 해당 차트를 보면서 살펴 봅시다.

Prefix size	네트워크 마스크	사용가능 서브넷 수	서브넷당 유저수
/24	255.255.255.0	1	256
/25	255.255.255.128	2	128
/26	255.255.255.192	4	64
/27	255.255.255.224	8	32
/28	255.255.255.240	16	16
/29	255.255.255.248	32	8
/30	255.255.255.252	64	4
/31	255.255.255.254	128	4

보이 시나요? 우리가 필요한 수는 총 7개이니 4개가 할당 가능한 /30은 너무 작고 16개가 할당 가능한 /28은 낭비이니 가장 근접한 /29를 사용할 수 있습니다. 그럼 한번 서브넷팅을 하여 어떤 IP가 총괄적으로 사용 가능한지 살펴 봅시다.

/29를 이진수로 표현하여 본다면,

11111111.11111111.11111111.11111000 = 255.255.255.248 /29

로 표현이 가능합니다. 그럼 한번 200.200.200.X 대역에서 X쪽만 이진수로 바꿔 볼까요?

200.200.200.00000000 = (200.200.200.0) -> 200.200.200.0 네트워크 ID
200.200.200.00000001 = (200.200.200.1)
200.200.200.00000010 = (200.200.200.2)
200.200.200.00000011 = (200.200.200.3)
200.200.200.00000100 = (200.200.200.4)
200.200.200.00000101 = (200.200.200.5)
200.200.200.00000110 = (200.200.200.6)
200.200.200.00000111 = (200.200.200.7) -> 200.200.200.7 호스트 ID

눈치 빠르신 분이라면 채셨을 텐데요. 호스트 쪽 비트 수는 '32-서브넷 비트 수'로 결정됩니다. 요번의 경우 32 - 29 = 3이었으니 마즈막 3비트는 서브넷팅에서 각 호스트의 아이피를 결정하는 데 사용되었으며, 4번째 비트는 각 서브넷팅의 하나의 그룹을 표시하는 데 사용됩니다. 일단 우리가 원하는 5개의 IP 주소는,

200.200.200.1 ~ 200.200.200.6

까지 사용 가능합니다. 그렇다면 만약 회사 사장님이 와서 "나는 200.200.200.200 이 내 IP가 되었으면 좋겠어. 다만 사무실에는 나 포함하여 4명밖에 없으니까 알아서 잘해 봐"라고 할 경우는 어떻게 할까요? 조금 4가지 없이 말하는 사장님이긴 하지만 일단 '갑'이신 사장님에게 '을'인 제가 어찌 대듭니까? 하라면 해야죠. 이렇게 특정

적으로 원하는 IP를 포함한 서브넷팅을 할 경우 각 대역에 맞는 그룹 또는 덩어리를 찾아내면 됩니다. 앞에서 찾았던 제 1번 덩어리는,

200.200.200.0 ~ 200.200.200.7

이니, 그 후부터 차근히 찾아가면 됩니다. 그럼 두 번째 덩어리를 이진수로 찾아봅시다.

200.200.200.00001000 = (200.200.200.8) -> 네트워크 ID
200.200.200.00001001 = (200.200.200.9)
200.200.200.00001010 = (200.200.200.10)
200.200.200.00001011 = (200.200.200.11)
200.200.200.00001100 = (200.200.200.12)
200.200.200.00001101 = (200.200.200.13)
200.200.200.00001110 = (200.200.200.14)
200.200.200.00001111 = (200.200.200.15) -> 호스트 ID

이렇게 두 번째 덩어리도 찾고 나면, 이제 하나 보이실 것입니다. 4번째 밑줄 쳐진 부분은 하나의 덩어리이고, 나머지 3개의 비트는 호스트를 위한 비트입니다. 그럼 한번 200.200.200.200에서 마지막 200을 이진수로 써봅시다.

200 = 11001000

그럼 우리는 여기서 마지막 000 부분이 호스트 부분인 걸 아니까

모든 숫자가 000인 거는 네트워크 ID라는 짐작을 할 수 있습니다. 그럼 200이 포함되는 11001XXX의 서브넷 덩어리를 한번 써봅시다.

200.200.200.11001000 = (200.200.200.200) -> 네트워크 ID
200.200.200.11001001 = (200.200.200.201)
200.200.200.11001010 = (200.200.200.202)
200.200.200.11001011 = (200.200.200.203)
200.200.200.11001100 = (200.200.200.204)
200.200.200.11001101 = (200.200.200.205)
200.200.200.11001110 = (200.200.200.206)
200.200.200.11001111 = (200.200.200.207) -> 호스트 ID

그럼 각 직원에게는 201~206 대역을 할당해줄 수 있고, 결과적으로 사장님에게는 "200은 네트워크 ID 주소라 안 됩니다."라고 말씀하시면 됩니다.

여기서 약간의 문제를 한번 풀어 봅시다. 우리 싸장~ 님들이 말씀하시길,

> 이사장 김사장 박사장 정사장 왕사장이 가라사대
> 이사장: 나는 192.23.2.97주소를 원하고 우리 사무실에는 나포함 2명이야
> 김사장: 나는 202.202.202.11 주소를 원하고 우리 사무실에는 나포함 4명이야
> 박사장: 나는 211.63.64.37 주소를 원하고 우리 사무실에는 나포함 7명이야
> 정사장: 나는 198.41.24.147 주소를 원하고 우리 사무실에는 나포함 57명이야
> 왕사장: 나는 행운의 숫자 199.7.7.77 주소를 원한다 해~ 그리고 사무실은 무역업 이니 만큼 100명이 넘는다 해 ~

각각 이러한 오더를 내리셨습니다. 그럼 한번 각 사장님들을 위한

네트워크 ID

서브넷 마스크

사용 가능 호스트

호스트 ID

를 구해보시기 바랍니다. 꼭 꼭 풀어보신 후 부록에 포함되어 있는 정답을 체크해 보시기 바랍니다. 해당 정답을 인터넷으로 보기 원하시는 분은 블로그의 Chapter 4에 서브넷 문제 파일을 다운 받으신 후, 확인하시면 됩니다. 다음 챕터에서는 본격적으로 프로토콜에 관하여 설명해보도록 하겠습니다.

> **TIP**
>
> 연습할 때야 물론 직접 쓰면서 계산해보고 시행 착오를 거쳐서 연습해 보는 것이 좋지만 실무에서 일을 할 때는 한시가 급한 상태에서 종이에 일일이 서브넷팅을 해볼 겨를이 없습니다. 그러다 보니 실무에서는 주로 서브넷팅 계산기를 사용하게 됩니다. 서브넷팅 계산기는 블로그의 Chapter 4에서 IP Subnetting Cal을 다운받으시면 됩니다. 그럼 한 번 사용법을 짚고 넘어가도록 하겠습니다. 다운 받으신 파일을 실행하게 되면,
>
>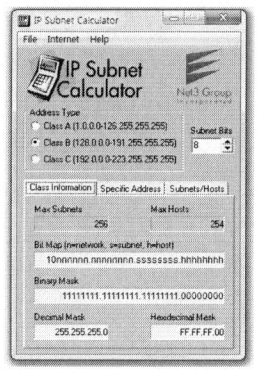

위와 같은 서브넷팅 계산기가 나오게 됩니다. 사용법은 생각보다 간단합니다. Address Type에서 원하는 주소에 맞는 클래스 타입을 선택하신 후, Subnet Bit 부분에서는 각 클래스 비트를 기준으로 떨어져 있는 비트를 넣어주시면 됩니다. 한번 예제로서 10.12.22.32 를 30비트로 서브넷팅하여 보겠습니다. 일단 10.12.22.32는 클래스 A 대역에 포함되므로 Class A를 선택하여 주시고 30비트는 클래스 A의 8비트에서 22비트 떨어져 있으니, 서브넷 비트 수는 22로 올려주시면 됩니다. 그리고 Specific Address에서 IP Address 칸에 10.12.22.32를 입력하여 주시면 됩니다.

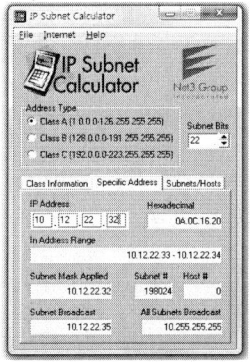

그럼 다음과 같이 사용할 수 있는 Range(범위)가 나오게 되고 각각에 맞는 Network ID 와 호스트 ID 또는 Broadcast ID가 나오게 됩니다. 쉽게 하는 만큼 실무에서 바쁠 때 사용하면 좋지만, 시험이나 공부할 때 사용하면 오히려 독이 됩니다. 시험장에는 이런 프로그램 가져갈 수 없잖아요.

Chapter 5

프로토콜 별 차이 및 종류

패킷 전달에는 크게 두 가지 방식으로 나뉩니다. 하나는 Static(정적) 라우팅 이고 다른 하나는 Dynamic(동적) 라우팅입니다. 요번 장에서는 정적과 동적 라우팅에 대하여 알아보고, 동적 라우팅에 해당하는 각 각의 라우팅 프로토콜에 대하여 알아보도록 하겠습니다.

5-1 정적 & 동적 경로

정적과 동적이라고 하니 뭔가 어려운 말같이 느껴지지만 실제로는 간단합니다. Static(정적)은 관리자가 일일이 경로를 설정하여 놓고 해당되는 패킷에 한하여 미리 설정된 루트로 보내는 방식입니다. Dynamic(동적)은 다이나믹(?)하게 그때 그때 상황에 맞게 미리 설정된 환경에 맞춰 어떠한 패킷이든 출발지와 목적지가 맞는 패킷이라면 동적으로 패킷을 처리하는 방식입니다. 자세히 설명하기 앞서, 라우팅이란 개념에 대하여 다시 한번 짚고 넘어가겠습니다. 앞의 챕터 3에서 설명한 것과 같이 라우팅(Routing)이란,

패킷에 대한 목적지 아이피 주소와 일치하는 경로를 <u>라우팅 테이블</u>에서 검색하여 패킷을 매치되는 인터페이스로 갈 수 있도록 유도하는 <u>동작</u>

입니다. 처리 과정은 크게 3가지 스탭으로 나뉘어집니다.

① Path Discovery (경로 수집): 갈 수 있는 모든 경로를 계산
② Path Selection (경로 선출): 가장 최적의 경로를 선택
③ Path Management (경로 관리): 경로가 추가되었을 시, 더 빠른 경로일 경우, 자동으로 더 적합한 경로로 변경.

써놓고 보니 뭔가 대단한 거 같지만 실제로는 간단합니다. 가령 라우터 서울과 라우터 부산이 서로 통신을 한다고 가정할 경우, 라우터 서울은 다음과 같은 스탭을 거쳐서 라우터 부산에게 패킷을 보내게 됩니다.

① 부산을 가려면, 버스, 승용차, KTX라는 3가지 경로가 있구나.
② KTX가 가장 빨리 갈 수 있구나.
③ (차후 비행기라는 경로가 추가되었을 시) 비행기와 KT를 비교하였을 때 비행기가 더 빠르니 비행기로 변경하자.

결과적으로 라우터 서울은 라우터 부산에 패킷을 보낼 경우 비행기가 도입되기 전에는 KTX를 통해서 보내지만, 비행기가 도입된 후에는 비행기가 더 빠르니 비행기로 자동으로 변경하게 됩니다. 이렇게 그때 그때 상황에 맞춰서 최적의 경로를 선택하게 해주는 것이 Dynamic(동적) 프로토콜의 역할 중 하나입니다. 그럼 Static(정적) 프로토콜의 경우에는 어떻게 될까요? 다시 라우터 서울과 라우터 부산 간의 통신으로 돌아가 보면,

① 부산을 가려면, 버스, 승용차, KTX라는 3가지 경로가 있구나.
② KTX로 관리자가 설정해 주었구나.
③ (차후 비행기라는 경로가 추가되었을 시) 비행기와 KTX를 비교하였을 때 비행기가 더 빠르지만, 관리자가 KTX로 설정해 놨으니 KTX를 이용해야겠다.

어떻게 차이점이 좀 보이시나요? 1번 스탭까지는 동일하지만, 2번 스탭에서 관리자가 설정함으로 인해서 정적 라우팅으로 설정되고, 아무리 좋은 경로가 새로 생겨도 관리자가 변경하기 전까지는 설정된 루트로만 패킷을 보내게 됩니다. 정리를 해보자면,

Static Routing(정적 라우팅)
경로 수집, 선출, 관리를 관리자가 직접 설정함

Dynamic Routing(동적 라우팅)
라우터 내부적으로 라우팅 프로토콜에 의해서 자동으로 실행되고 관리되어짐

입니다. 정적 라우팅 관련 설정 방법은 챕터 8의 3routers 실습에서 살펴보도록 하겠습니다.

5-2 라우팅 테이블 프로토콜

'라우팅 테이블 프로토콜' 또는 단순하게 '동적 라우팅 프로토콜이'라고도 많이 불립니다. 동적 라우팅 프로토콜(Dynamic Routing Protocol)은 특정 알고리듬을 이용하여 경로 수집과 선출 및 관리 동작을 자동적으로 수행합니다. 대표적인 알고리듬에는 디스텐스 백터 알고리듬(Distance Vector Algorithm)과 링크 상태 알고리듬 (Link State Algorithm)이 있습니다.

디스텐스 백터 알고리듬(Distance Vector Algorith)이란

라우터와 라우터간에 최적 경로만 교환하며, 목적지까지 가기 위한 전체적인 정보를 관리는 것이 아니라, 최적의 경로만 관리하는 방식으로 동작하며 어떠한 이유 때문에 장애가 발생한다면, 그 다음으로 대처할 수 있는 경로를 모르기 때문에 장애 발생 후에나 대체 경로를 찾게

됩니다. 뭔가 교과서적인 설명인데요. 간단하게 설명하자면, 라우팅 테이블에서 최적 경로만 찾아서 저장해놓고, 장애가 발생한 후 대체경로를 찾는 알고리듬입니다. 대표적으로는 RIP이 있습니다.

그럼 다른 라우팅 프로토콜은 어디에 속할까요?

바로 링크 스테이트 알고리듬(Link State Algorithm)에 속합니다. 링크 스테이트 또는 링크 상태 알고리듬이라 불립니다. 링크 스테이트 알고리듬은

라우터들 간에 가능성이 있는 모든 경로 정보를 교환하고, 라우팅 테이블에는 목적지, 서브넷, 메트릭, 넥스트 홉, 목적지 서브넷을 저장합니다. 모든 대체 경로를 저장하기 때문에, 장애가 발생하여도 빠른 대처가 가능

합니다. 디스텐스와는 다르게 최적의 경로뿐만 아니라 패킷을 교환하는 모든 라우터에 대하여 정보를 저장하며 이 과정에서 라우터의 CPU 사용률은 올라가지만 조금 더 동적인 장애 대처가 가능합니다. 대표적언 프로토콜로는 OSPF와 BGP가 있습니다.
앞의 디스텐스 백터와 링크 스테이트 알고리듬 외에도 다른 분류로 나뉘어집니다. 클래스풀 라우팅 프로토콜(Classful Routing Protocol)과 클래스리스 라우팅 프르토콜(Classless Routing Protocol)인데요, 클래스풀(Classful)은,

인접 라우터에게 라우팅이 가능한 정보를 전송하는 라우팅 업데이트 과정에서 정보에 서브넷 마스크를 포함하지 않는 프로토콜이며, CIDR기능이 지원되지 않으며 VLSM 환경에서 사용할 수 없는

프로토콜들을 뜻합니다. 클래스풀을 사용할 경우, 네트워카가 같지만 서브넷 마스크가 다른 환경의 경우(비연속 서브넷 구간) 라우팅 업데이트가 단절되어 버립니다. 대표적인 프로토콜은 RIP과 IGRP가 있습니다. 클래스리스(Classless)의 경우,

라우팅 업데이트 정보에 서브넷 마스크를 포함하며, CIDR기능이 지원되고 VLSM 환경에서도 사용 가능

합니다. 대표적인 프로토콜로서는, RIPv2, EIGRP, OSPF, BGP등이 있습니다. 되게 많이 배운 것 같지만 조금 헷갈리시지 않나요? 저도 예전에 그랬었습니다. 그럼 여기서 한번 정리하고 지나갑시다.

프로토콜 종류	속성	대표 프로토콜
Distance Vector	라우팅 테이블에 최적 경로만 저장	RIP
Link-State	라우팅 테이블에 최적 경로 및 다른 정보도 저장	OSPF, BGP
Classful	라우팅 업데이트시, 서브넷 마스크 미포함	RIPv1, IGRP
Classless	라우팅 업데이트시, 서브넷 마스크 포함	RIPv2, EIGRP, OSPF, BGP

그럼 Classful과 Classless의 속성도 비교 하고 갑시다.

	Classful	Classless
VLSM 지원	NO	YES
서브넷 마스크 포함 여부	NO	YES
Static Route Summary 지원 여부	NO	YES

앞에서 IP에 대하여 말할 때 설명드린 IP클래스 개념은 VLSM으로 깨지고 서브넷 마스크를 포함해주는 Classless만이 VLSM을 사용할 수 있습니다. Static Route Summary의 경우 수동 경로 요약으로서 같은 루트이지만 너무 많은 정보를 포함여 라우터를 과부하시키는 것을 막는 데 쓰이는 기술입니다. 자세한 설명은 OSPF 때 이야기하겠습니다.

그럼 이제 한번 각 프로콜의 알고리듬 및 클래스 포함 여부를 보고 갑시다.

프로토콜 종류	알고리듬	클래스
RIPv1	Distance Vector	Classful
RIPv2	Distance Vector	Classless
EIGRP	**Advanced Distance Vector**	Classless
OSPF	Link-State	Classless
BGP	Distance Vector	Classless

한번 EIGRP의 알고리듬을 봐주시기 바랍니다. Advanced Distance Vector (?) 우리가 분명 앞서 보지 못한 알고리듬인데요? Advanced Distance Vector Algorithm은 EIGRP를 만든 시스코 시스템즈에서 계발한 프로토콜로서 Distance Vector와 Link-State의 알맹이만 뽑아서 만든 프로토콜입니다. 그러다 보니 EIGRP는 약간 다른 프로토콜과는 다른 개념의 Dual(Diffusing Update Algorithm)을 사용합니다. 마지막으로 Metric(메트릭)과 Administrative Distance(관

리 거리)만 보고 EIGRP로 가보도록 합시다.

가령 앞서 사용하였던 라우터 서울과 라우터 부산을 생각해 봅시다.

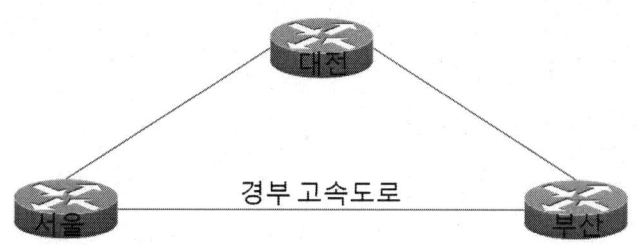

서울에서 부산을 갈 경우 경부 고속도로로 한 번에 가면 4시간이 걸리고, 대전을 갔다가 가면 5시간이 걸린다고 생각해 봅시다. 그럼 운전자는 상식적으로 5시간이 걸리는 길을 갈까요? 아니면 한 시간을 벌 수 있는 경부 고속도로를 이용할까요? 정상적인 사람이라면 4시간이 걸리는 경부 고속도로를 이용할 것입니다. 그럼 이 컨셉트를 라우터에 적용시켜 봅시다.

라우터 서울에서 라우터 부산을 갈 때 바로 연결 되어있는 로드와 라우터 대전을 거쳐가는 로드 2개가 있습니다. 이 경우 라우터 서울의 입장에서는 하나의 목적지에 대하여 두 개의 경로를 학습하고 있는 것입니다. 그 경우 라우터 서울은 최상의 경로를 결정하기 위해서 매트릭이라는 숫자로 된 경로의 좋고 나쁨을 판단하는 값을 가지고 최상의 경로를 결정하게 됩니다. 하지만, 다음과 같이 각 프로토콜 별로 매트릭의 결정 방법은 다릅니다.

라우팅 프로토콜	매트릭 결정 방법
EIGRP	BandWidth, Delay
RIP	HOP Count
OSPF	Cost
BGP	MED, Local Prefrence, AS Path
IGRP	Bandwidth, Delay
IS-IS	Cost

가장 간단하게 매트릭을 정하는 프로토콜은 RIP입니다. HOP Count란 해당 라우터와 목적지 라우터 사이의 라우터 수입니다. 예제를 보자면, 라우터 서울과 라우터 부산 사이에는 경부 고속도로 쪽으로는 HOP이 '0'개, 라우터 대전 쪽으로는 대전 때문에 HOP이 한 개 생깁니다. 결과적으로 RIP을 사용할 경우 라우터 서울은 HOP이 더 낮은 경부 고속도로 쪽으로 패킷을 전송하게 됩니다.

단면 가장 복잡한 걸로 따지자면 EIGRP입니다. 혹시 챕터 2에서 짚고가기의 아주 복잡한 방정식이 생각나시나요?

$$\left[\left(K_1 \cdot \text{Bandwidth}_E + \frac{K_2 \cdot \text{Bandwidth}_E}{256 - \text{Load}} + K_3 \cdot \text{Delay}_E\right) \cdot \frac{K_5}{K_4 + \text{Reliability}}\right] \cdot 256$$

정확하게 이 방정식인데요. K1부터 K5까지는 일정한 값을 의미하게 됩니다. Bandwidth 등 다른 많은 것들을 설명해야 되니 EIGRP 섹션에서 다시 다뤄 보도록 하겠습니다. 다만 K1부터 K5의 기본 값은 1,0,1,0,0인 것만 아시면 됩니다.

OSPF는 Cost라는 단위를 사용하며 이때 Cost는 기준 Bandwidth (대역폭) 나누기 실제 대역폭의 합입니다. 또한 실제 대역폭은 출발지에서 목적지까지의 모든 Cost의 합이며, 0이하는 무조건 1로 표시됩니다. But! 복잡하게 계산하실 필요 없이, 기준 대역폭은 보통 정해져 있습니다. 주로 무슨 포트냐에 따라 결정됩니다.

Media	Cost
56 Kbps	1785
T1 (1.544 Mbps)	64
E1 (2.048 Mbps)	48
토큰링 (4Mbps)	25
토큰링 (16Mbps)	6
이더넷 (10Mbps)	10
페스트 이더넷 (100Mbps)	1
기가비트 이더넷 (1Gbps)	1

페스트 이더넷부터는 0보다 작으므로 1로 표시되며 그 후 다른 속도의 포트들도 1로 표시됩니다. 차후 해결 방안을 공개 하였습니다. 자세한 내용은 OSPF 섹션에서 다루도록 합시다.

이렇게 3개의 다른 프로토콜의 매트릭 결정 방법만 알아도 편하게 패킷의 흐름을 추측하실 수 있습니다. 다만 BGP와 IS-IS의 경우 계산 방법이 너무 복잡하여 각 섹션에서 다루도록 하겠습니다. 하나 주의하실 점은, 위의 매트릭 계산 방법은 '기본값'입니다. 다시 말해서 기본으로 설정되어 있는 값을 바꾼다면 매트릭을 수동으로 높여서 라우팅 테이블에 자신이 원하는 경로를 등록시킬 수 있습니다.

그럼 다음과 같은 경우는 어떻게 해야 될까요?

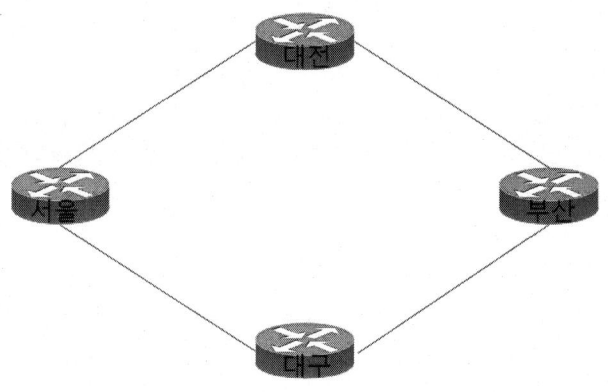

하나의 출발지와 하나의 목적지에 대해서 같은 매트릭을 가지고 있는 경로가 2개라……. 그럼 라우팅 테이블에는 어떤 경로가 올라가야 될까요? 바로 이런 경우 Administrative Distance(관리 거리)가 사용됩니다. 이런 경우 같은 매트릭을 가진 여러 개의 경로가 존재할 경우 각 라우팅 프로토콜마다 고유한 값을 매겨 낮은 값을 가진 경로를 선택하게 됩니다. 바로 이때 사용되는 고유한 값이 관리 거리입니다. 관리 거리 또한 매트릭처럼 관리자가 임의로 변경 가능합니다. 다만 보통의 경우 기본 값을 사용합니다.

프로토콜	관리 거리
직접 연결 (PtP)	0
정적 경로	1
EIGRP	90
IGRP	100
OSPF	110
IS-IS	115
RIP	120
BGP(E/I)	200/20
신뢰성이 없을경우	255

이렇게 각 프로토콜 별로 기본 관리 거리가 있으며 가장 낮은 값을 최상 경로로 인식하게 됩니다. 그럼 예제로 돌아가서,

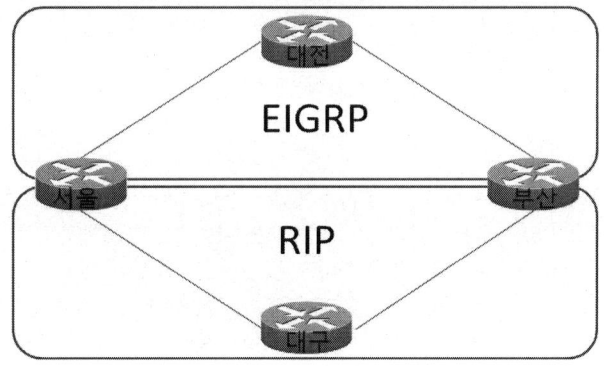

이렇게 같은 메트릭이지만 다른 프로토콜이 실행되고 있을 경우 RIP의 관리 거리(AD)는 120, EIGRP의 AD는 90입니다. 90이 120 보다 낮으므로 라우터 서울은 라우터 부산에게 패킷을 보낼 때 라

우터 대전의 경로를 사용하게 됩니다. 그럼 EIGRP라는 놈에 대해서 자세히 알아보도록 합시다. 챕터 5에서는 모든 프로토콜에 대하여 이론적인 것만 커버하고 챕터 7에서 제대로 실습해 보도록 합시다!(경험담이지만, 이론이 튼튼해야 나중에 삽질을(?) 덜 합니다.)

5-3 EIGRP

EIGRP(Enhanced Interior Gateway Routing Protocol)는 시스코 전용 프로토콜로서 IGRP라는 프로토콜을 개량한 개량 프로토콜입니다. EIGRP의 장점을 알아보도록 합시다.

▶ Fast Convergence(빠른 수렴): 앞서 설명한 Dual 알고리듬을 사용하여 빠른 수렴 속도를 가지고 있습니다. EIGR가 동작하는 모든 사용 가능한 경로를 기록하여 네트워크 장애 발생 시 신속 대처가 가능합니다.
▶ Partial Update(부분적 업데이트): EIGR는 주기적 업데이트를 하지 않는 대신에 목적지에 대한 값이 변경될 경우만 라우팅 테이블을 업데이트합니다.
▶ Multiple Network-Layer Protocol Support: IP뿐만 아니라 PDM(Protocol-Dependent Module)을 사용하여 IPX, Appletalk등 다양한 프로토콜에 대한 라우팅을 보장해 줍니다.
▶ 자동 업데이트: 동일한 AS 내의 IGRP와는 재분배 없이 자동 업데이트가 실시되며 EIGRP에서 IGRP로 넘어갈 때에는 나누기 256, IGRP에서 EIGRP는 곱하기 256을

실시합니다.
▶ 다양한 Network 환경 및 트래픽 흐름을 용이하게 분배할 수 있습니다.

EIGRP는 많은 장점을 갖고 있습니다. Unequal cost 로드 밸런싱을 지원하는 것부터, 스플릿 호리즌이 적용되는 것까지 많은 장점이 있죠. 하지만 EIGRP는 주로 소규모 네트워크에서 사용됩니다. 대규모 네트워크는 AS라는 각 망을 나눠야 하는 단점 때문에 주로 OSPF를 사용하게 됩니다. 여담으로서 몇 해 전 ISP의 K사가 인터넷 장애가 나서 서울의 대부분의 네트워크가 다운된 적이 있는데 이때 문제가 된 것이 EIGRP였습니다. EIGRP는 기본 설정이 간단하여 소규모 네트워크에 적합하나 SIA(Stuck In Active) 때문에 대규모 네트워크에서는 아주 정밀한 구축이 필요합니다.

EIGRP가 라우팅 테이블에 경로를 올릴 때에는 크게 3가지의 작업을 거쳐서 올립니다.

① Neighbor(인접 라우터) 구성 및 네이버 테이블 생성
② 라우팅 정보 교환
③ 라우팅 경로 계산 후 라우팅 테이블 저장

앞서 우리가 살펴 보았던 매트릭 계산은 3번에서 이루어지게 됩니다. 이와 같은 네이버 성립에서는 다음과 같은 다섯 가지 종류의 패킷이 교환됩니다.

- Hello Packet: 인접(네이버) 관계를 성립하고, 유지합니다. Multicast(멀티 캐스트) 224.0.0.10을 사용하여 상호간 교환하며, EIGRP의 매트릭 계산 시 필요한 K1, K2, K3, K4, K5를 포함합니다.
- Update Packet: 네이버 라우터끼리 경로 정보를 업데이트 할 경우 사용합니다. 새로운 경로 또는 수렴이 끝날 때 topology table(토폴로지 테이블)을 동기화하기 위하여 Unicast(유니 캐스트)로 업데이트 패킷을 전송합니다.
- Query Packet: 특정 경로에 장애 발생 시 대체 경로 중 최상의 경로를 계산하고 Feasible Successor라는 백업 라우터에게 인수하며, Feasible Successor가 없다면 멀티캐스트로 다음 Feasible Successor를 탐색합니다.
- Reply Packet: 위의 Query Packet에 대한 응답을 할 때 사용됩니다.
- Acknowledgement Packet: 쿼리 패킷에 대하여 수신확인을 해줄 때 사용됩니다.

뭔가 되게 복잡해 보이지만 사실 되게 단순합니다. 한번 R1부터 R4까지 있는 작은 토폴로지를 생각해 봅시다.

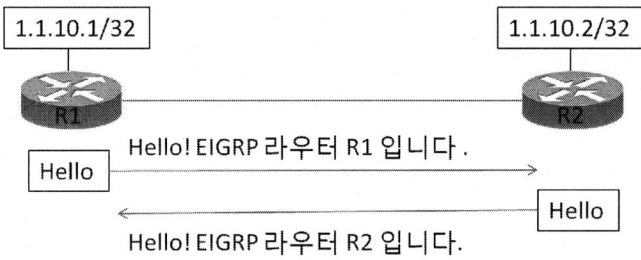

핼로 패킷의 성립 시에는 관동성명을 하게 됩니다. "거 이름이 뭐요?" 하고 물어보는 것이 아니라 "안녕하세요. 이 모 군입니다."라고 서로 이름을 말해주게 됩니다. 그러면 자동으로 서로 네이버 관계가 성립되게 됩니다. 이렇게 네이버가 성립되고 나면 서로의 라우팅 테이블을 비교하여 동기화 작업을 시작하게 됩니다.

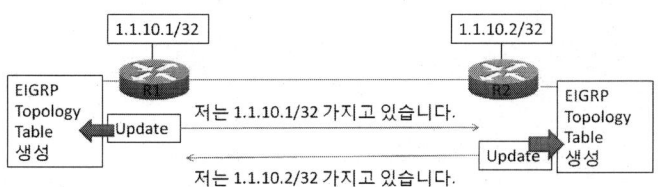

동기화 작업 중 서로의 테이블에 없는 경로가 발견되면 상대 라우터에게 자기는 있지만 상대는 없는 경로를 모두 보내주게 됩니다. 이렇게 서로 업데이트를 하게 되면 바로 EIGRP 토폴로지를 생성하고 업데이트 된 부분을 추가하고 업데이트 패킷에 대한 응답을 해주게 됩니다.

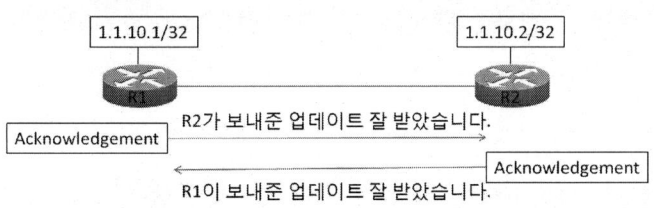

이렇게 서로 Acknowledgement 패킷까지 교환하고 나면 네이버 성립, 동기화, 확인 작업까지 맞춘 것입니다. 그럼 서로 경로를 비교 하고 하나의 경로에 대하여 Successor(최적 경로), Feasible Successor(대체 경로)를 선출하게 됩니다. 만약 R1에서 갑자기 1.1.20.0/24의 정보가 필요하다면 어떻게 할까요?

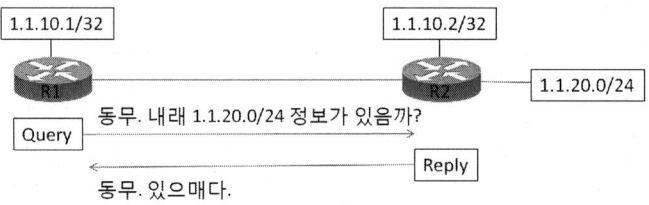

이처럼 가장 인접한 라우터들에게 224.0.0.10의 멀티캐스트 주소로 해당 주소를 요청하게 됩니다. 쿼리 패킷은 자신의 라우팅 테이블에 있는 경로가 다운되거나, 메트릭 값이 증가하거나, 대체 경로가 없을 시에만 보내게 됩니다. 그 외의 경우는 앞의 Update 패킷을 사용하게 됩니다.

이처럼 네이버 라우터에게 의존을 많이 하는 EIGRP의 특성상 항상 주기적으로 헬로우 패킷을 전송하여 네이버 성립을 확인합니다. 디폴트로 Hello Interval(헬로우 주기)의 3배에 해당하는 시간 동안 상대로부터 헬로우 패킷을 수신하지 못한다면, 네이버 라우터에 문제가 생겼다고 판단하고 네이버 관계를 끊는데 이 시간을 Hold Time(홀드 타임)이라고 합니다. 보통 홀드 타임은 다음과 같이 인터페이스의 종류에 따라 나뉩니다.

인터페이스	Hello Interval	Hold Time
이더넷, PPP, Frame-Relay PTP	5초	15초
NBMA, Frame-Relay PMP	60초	180초

But! 메트릭과 AD값처럼 헬로우 주기와 홀드 타임은 모두 관리자가 임의로 설정 가능합니다. 주의해야 할 것은 헬로우 주기와 홀드 타임 변경 시, 꼭 인접 라우터도 변경해 줘야만 합니다. 만약 앞의 예제의 R1의 헬로우 주기를 45초로 바꾸었다면, FR PTP 구간의 기본적인 15초의 홀드 타임을 초과하기 때문에 다음과 같이 R2는 계속해서 네이버를 끊었다 맺었다 하게 됩니다.

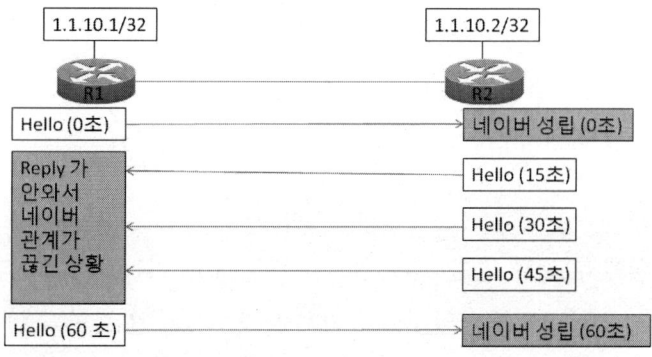

콘솔 창에는 계속해서 이런 문구가 나옵니다.

```
%DUAL-5-NBRCHANGE: IP-EIGRP(0) 1: Neighbor 1.1.12.2 (Serial1/0.12) is down: Interface Goodbye received
%DUAL-5-NBRCHANGE: IP-EIGRP(0) 1: Neighbor 1.1.12.2 (Serial1/0.12) is up: new adjacency
%DUAL-5-NBRCHANGE: IP-EIGRP(0) 1: Neighbor 1.1.12.2 (Serial1/0.12) is down: Interface Goodbye received
%DUAL-5-NBRCHANGE: IP-EIGRP(0) 1: Neighbor 1.1.12.2 (Serial1/0.12) is up: new adjacency
%DUAL-5-NBRCHANGE: IP-EIGRP(0) 1: Neighbor 1.1.12.2 (Serial1/0.12) is down: Interface Goodbye received
%DUAL-5-NBRCHANGE: IP-EIGRP(0) 1: Neighbor 1.1.12.2 (Serial1/0.12) is up: new adjacency
%DUAL-5-NBRCHANGE: IP-EIGRP(0) 1: Neighbor 1.1.12.2 (Serial1/0.12) is down: Interface Goodbye received
%DUAL-5-NBRCHANGE: IP-EIGRP(0) 1: Neighbor 1.1.12.2 (Serial1/0.12) is up: new adjacency
```

만약 헬로우 주기를 변경하면 홀드 타임은 헬로우 주기의 3배로 변경하시는 것이 좋습니다. 아니면, 최소한 헬로우 주기보다는 많게 변경해야 네이버 성립이 끊기지 않는 상태에서 통신이 가능합니다. 또한, 수신한 헬로우 패킷에 설정된 AS 넘버, K 상수값, EIGRP 암호

등이 일치해야 하고 발신지 주소와 수신 인터페이스의 서브넷 마스크가 동일해야지만 네이버 관계가 성립됩니다.

앞 페이지에서 약간 설명하고 넘어간 메트릭에 대해서 다시 한 번 짚어 봅시다. 메트릭은 EIGRP의 경우 Bandwidth(대역폭), Delay(지연), Reliability(신뢰도), Load(부하), MTU, Hop에 의해서 결정됩니다. 앞장에서 봤던 공식에 대입하여 구한 값을 Composite Metric(복합 매트릭)이라고 합니다.

$$\left[\left(K_1 \cdot \text{Bandwidth}_E + \frac{K_2 \cdot \text{Bandwidth}_E}{256 - \text{Load}} + K_3 \cdot \text{Delay}_E\right) \cdot \frac{K_5}{K_4 + \text{Reliabil}}\right.$$

해당 식에서 K1과 K3는 기본적으로 '1'이며, K2, K4 와 K5는 기본적으로 '0'입니다. 대역폭(BW)의 경우 목적지까지 가는 모든 인터페이스 중 가장 느린 대역폭을 사용하여,

$$BW = 10^7 / \text{가장 느린 대역폭}$$

구하게 됩니다. MTU의 경우 가장 낮은 MTU가 선택되며, Hop의 경우 기본적으로 100으로 설정되어 있습니다. 다시 말해 100 이상의 라우터를 거치게 되면 도달 불가능한 (Unreachable) 것으로 간주하게 됩니다. 지연값(DLY)의 경우 목적지까지의 모든 DLY을 더한 후 10으로 나눈 값을 사용하게 됩니다. 신뢰도(Rel)는 에러 발생, 부하(load)는 말 그대로 인터페이스의 부하를 의미합니다. 따라

서 Rel과 load는 장애가 없을 시 기본값 '0'으로 사용됩니다. 그럼 다음의 토폴로지에서 한번 R1에서 R4까지의 메트릭을 구해 봅시다.

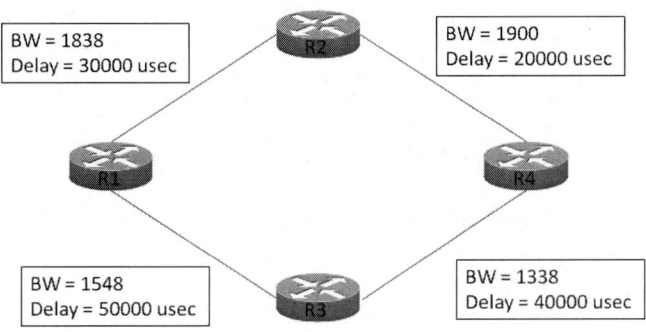

다음의 경우 R1은 2가지의 경로를 가지고 있습니다. R2를 거쳐서 가는 경로와 R3를 거쳐서 가는 경로가 되겠습니다. 이 경우 각각 따로 BW값과 Delay 값을 계산해 주셔야만 합니다. 그럼 먼저 BW값을 계산해 봅시다.

$$R2쪽\ BW = 10^7 / (1838 * 1000) = 5.441$$
$$R3\ 쪽\ BW = 10^7 / (1338 * 1000) = 7.474$$

이렇게 BW값을 계산하고 나면 다시 Delay 값을 결정하게 됩니다.

$$R2쪽\ Delay = (30000 + 20000) / 10 = 5000\ usec$$
$$R3\ 쪽\ Delay = (50000 + 40000) / 10 = 9000\ usec$$

그 후, 다시 EIGRP 매트릭 공식에 대입하여 줍니다.

R2 쪽 매트릭 = [(1*5.441+(0*5.441)/(256-0)+1*5000)*0/(0+0)]*256=1,281,392
R3 쪽 매트릭 = [(1*7.474+(0*7.474)/(256-0)+1*9000)*0/(0+0)]*256=2,305,913

이렇게 각 경로에 대하여 매트릭 값을 계산하고 나면, 매트릭 값이 낮은 R2의 경로가 자동적으로 라우팅 테이블에 등록되게 됩니다. 혹시 공식에서 눈치 채신 것이 있나요? 기본적으로 Load와 K2, K4, K5는 0이므로, 실질적인 매트릭 공식은

[BW+DLY]* 256

이 쓰이게 됩니다. 여기 까지가 대략적인 EIGRP의 장점, 네이버 관계, 매트릭에 대한 내용이었습니다. EIGRP의 FD와 RD 등 다른 내용도 있지만 전문가(CCNP) 급에서 요구되는 내용이므로 생략 하도록 하겠습니다.

5-4
RIPv1과 RIPv2

RIP(Routing Information Protocol)는 크게 Version 1과 Version 2가 존재하며, Version 1은 1988년에 발표된 classful 라우팅 프로토콜로서 VLSM이 불가능하였습니다. 그래서 1993년에 발표되어 1998년에 표준화된 것이 Version 2입니다. RIPv2는 classless 라우팅 프로토콜로서 디스턴트 백터 프로토콜 중 하나입니다.

앞서 말씀 드린 매트릭은 Hop 카운트, 즉 발신지와 수신지 사이의 라우터 수를 사용합니다. 앞에서 봤던 EIGRP가 시스코 전용 프로토콜이라면, RIPv2은 Standard(표준) 프로토콜입니다. 다시 말해서 다른 밴더 제품과도 완벽하게 호환됩니다. RIPv2는 디스턴트 백터 프로토콜답게 특별한 변화가 없는한 라우팅 테이블을 업데이트하지 않습니다.

어떻게 보면 RIPv1와 RIPv2가 비슷한 형제 관계인 거 같지만 약간은 다릅니다. 다음 표는 각 버전 별로 차이점과 공통점을 정리한 것입니다.

	Version 1	Version 2
서브넷 마스크 포함 여부	NO	YES
라우팅 정보 전송시 사용 주소	Broadcast 255.255.255.255	Multicast 224.0.0.9
업데이트 기간	30초	
보안	MD5 사용	
Triggered Updates	사용 (루프 방지)	
경로 관리	광고되는 네트워크에 Tag를 달 수 있어 용이	
HOP 수	15개가 최대	

대략적으로 이 정도가 차이점과 공통점인데요. 보기에는 RIP이란 프로토콜이 사용하기 쉬워 보이지만(사실이기도 합니다), 은근히 사람 지치게 합니다. 다음의 예제를 살펴 봅시다.

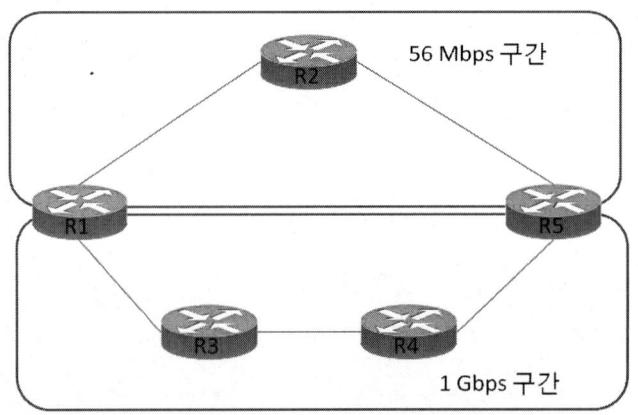

R2 쪽으로 가는 구간은 56메가 속도가 나오고 R3과 R4를 거쳐 가는 구간은 1기가 속도가 나옵니다. 가령 EIGRP라면 BW와 DLY를 사용하여 메트릭을 계산하겠지만 RIP은 순전히 홉 카운트만으로

결정하게 됩니다. 실질적으로 1기가 속도가 나오는 R3, R4 구간이 빠름에도 불구하고 홉 카운트가 1인 R1으로 경로를 설정하게 됩니다. 결과적으로 RIP을 구축할 때는 홉카운트가 15보다 작은 소규모 네트워크에 사용하게 됩니다.

이러한 단점 많은 RIP에도 디스텐트 백터 프로토콜로서 갖는 장점이 있습니다. 하지만 장점인 내용들이 CCNP에 해당되므로 다음의 표를 참고하여 이런 게 있구나 정도만 아시면 됩니다.

수렴과 루프 방지

이름	기능
Split Horizon	라우팅 정보를 수신한 인터페이스로 동일한 라우팅 정보를 보내지 않음
Triggered Update	업데이트 타이머를 기다리지 않고 라우팅 정보가 변경될 경우 바로 라우팅 정보를 보냄
Route Poisoning	특정 네트워크가 장애 발생 시, 인접 라우터들에게 메트릭값을 16으로 하여 네트워크가 다운 상태임을 알림
Poison Reverse	Route Poisoning을 받은 인접 라우터에서 자신의 RIP 라우팅 테이블에 대체 경로가 없을 시 발신 라우터에게 광고 해줘, update timer를 기다릴 필요가 없음

RIP은 위의 4개를 제외하고도 Timer(타이머)라는 수렴 기술을 가지고 있습니다. Timer는 총 5가지 스탭으로 작동됩니다.

① Update Timer(업데이트 타이머)

라우팅 정보를 주기적으로 업데이트할 때 작동하는 타이머로서 디폴트는 30초입니다. EIGRP의 업데이트와 같은 기능을 하며 업데이트 성공 시에는 다시 0초로 돌아가게 됩니다.

② Invalid Timer(인밸리드 타이머)

인밸리드 타이머는 업데이트 타이머와 동시에 작동하며 디폴트는 업데이트 타이머의 6배인 180초입니다. 180초 동안 라우팅 정보를 받지 못하면 대기 상태로 들어가게 됩니다.

③ Holddown Timer(홀드다운 타이머)

인밸리드 타이머가 종료되면 동작하는 타이머로 대기 타이머 같은 개념입니다. 디폴트는 180초이며, 이기간 동안은 어떠한 라우팅 정보를 받지도 보내지도 않습니다. 라우팅 정보를 새로 수신 하려면 홀드다운 또는 플러시 타이머 중 하나가 만료되어야만 합니다.

④ Flush Timer(플러쉬 타이머)

라우팅 정보를 수신하면 작동하는 타이머로서 다른 타이머들과는 독자적으로 작동합니다. 디폴트 값은 240초이며 다만 플러쉬 타이머 종료 시 대기 상태로 있는 네트워크는 라우팅 테이블에서 자동 삭제됩니다.

⑤ Sleep Timer(슬립 타이머)

긴급 광고를 위해 사용하는 타이머로 msec를 사용할 정도로 보통 사람들이 느끼기 힘든 미미한 타이머입니다.

다음의 그림을 참고하시면 쉽게 이해가 되실 것입니다.

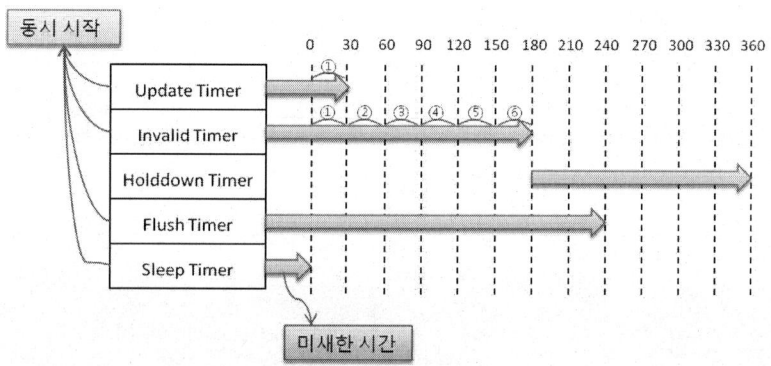

라우팅 정보를 업데이트 받는 동시에 업데이트 타이머, 인밸리드 타이머, 플러쉬 타이머 슬립 타이머가 같이 작동되기 시작합니다. 인밸리드 타이머는 업데이트 타이머의 6배 다시 말해서 라우팅 정보를 줄 기회를 6번 주고 그 후 홀드다운 타이머를 실행하게 됩니다. 플러쉬 타이머는 기본적으로 작동하며 240초 안에 라우터 정보 수신 시 0초로 리셋 되던가 240초를 초과할 경우 마치 EIGRP에서 네이버 관계를 끊는 것처럼 해당 네트워크의 모든 라우팅 테이블을 삭제하게 됩니다.

RIP은 타이머만 제대로 알고 있어도 Associate급의 시험을 치르는 데에는 크게 문제가 없습니다. 나머지 다른 기능들은 챕터 1에서 설명한 Professional 급 책을 참조하시거나 Part2에서 찾으실 수 있습니다.

5-5 OSPF

OSPF(Open Shortest Path First)는 1989년에 발표된 프로토콜로 가장 많이 쓰이는 개방형 프로토콜입니다. 많이들 OSPF는 RIP과는 다르게 버전이 나누어져 있지 않다고 착각하시는데 사실 OSPF도 버전 별로 개발돼온 프로토콜입니다. OSPF Version 1은 1989년에 개발되었습니다. 다음의 설계도는 OSPFv1의 공식 자료인 RFC 1131에서 가져온 것입니다.

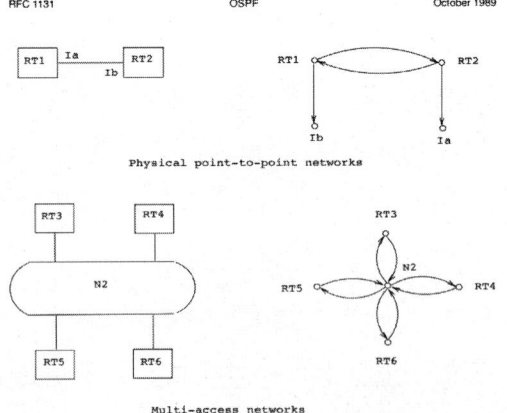

하나 인상적인 것은 그 당시 Point-to-Point 개념만 사용할 때 이미 다연결(Multi-access) 네트워크와 논리적 네트워크의 확장성을 고려하였다는 것입니다. 그러다 보니 AS와 Area라는 두 개의 독립된 (Autonomous) 논리적 그룹을 갖게 됩니다. AS는 Area보다 큰(?) 개념으로 router ospf (AS)라는 명령어에서 AS를 설정하고 차후 각 네트워크를 광고할 때 area를 설정하게 됩니다.

OSPF의 편의성에 의해서 1998년까지 하나의 프로토콜로만 사용돼 오다가 1998년에 공식적으로 개방성 표준 프로토콜로 인정되며 OSPF Version 2가 만들어지게 됩니다. OSPFv2는 IPv4에 맞춰서 다시 설계한 프로토콜로서 Adjacency(인접성)과 패킷 구조는 아직까지도 쓰이고 있습니다.

최근 주소의 부족으로 IPv6가 대중화됨에 따라 2008년에 다시 IPv6에 맞춘 OSPF Version 3이 나오게 됩니다. OSPFv3은 기존 OSPFv2와 거의 흡사한 기능을 수행하지만, 패킷 구조와 보안 체제에 변화가 있었습니다. 다음은 RFC5340에서 가져온 OSPFv3과 OSPFv2의 다른 점을 설명한 영문 해석입니다. 〈원문은 블로그 Chapter 5에 올려져 있습니다.〉

Addressing semantics은 OSPF 패킷들과 LSAs부터 제거되었다. 새로운 LSAs는 IPv6 주소와 헤더를 위해 만들어졌다. OSPF는 기존 IP-서브넷 기반 체제에서 링크 기반 체제로 변경되었다. 보안은 OSPF 프로토콜에서 제거되었으며 대신 IPv6의 보안 헤더와 ESP에 기반하게 되었다. IPv6의 광대한 주소에도 불구하고, 대부분의 IPv6를 위한 OSPF는 IPv4를 위한 OSPF와 흡사하다.

대규모 망을 세분화하여 관리하기 위해 나온 프로토콜인 만큼 AS(Autonomous Systems)이라는 지역 도메인과 Area로 나뉘지는 복잡한 구성 때문에 주로 WAN에서 많이 쓰이며 IP 네트워크 환경에서 다양한 기능과 성능, 복잡한 인접성 관계, 데이터베이스의 동기화와 광고 패킷 등의 특징을 가지고 있습니다. Associate 과정에서는 OSPF의 기본적인 특징만 짚고 넘어가도록 하겠습니다. OSPF의 장점은 다음과 같습니다.

① 동일한 Area안에 있는 라우터의 개수와 동일한 Area안에서 넘어오는 LSA광고 패킷의 수가 줄어들게 됩니다.
② 동일한 Area안에 라우터들의 링크 스테이트 상태 및 LSDB의 정보가 작아집니다.
③ Dijkstra 알고리듬과 SPF알고리듬의 계산이 빨라지게 됩니다.

앞에서 자꾸 Area라고 하니 조금은 헷갈리실 수 있을 것입니다. 그럼 한번 다음의 토폴로지를 보고 생각해 봅시다.

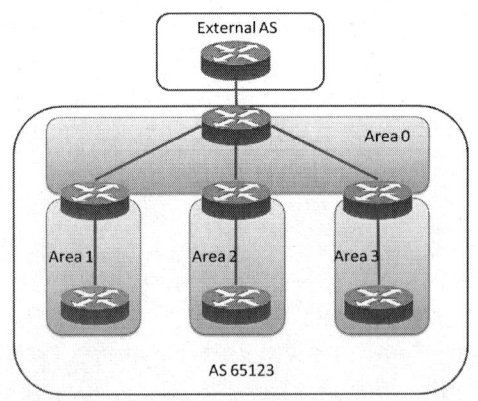

다음과 같이 총 4개의 Area와 2개의 AS로 구성되어 있는 망이 있습니다. 하나의 Internal AS(AS65123)에는 다시 백본 Area인 Area0과 Area 1~3까지 포함하고 있는 상태입니다. Area는 크게 2가지로 나뉘어집니다.

① Transit Area(트렌싯): 다른 OSPF Area와 다른 Area를 연결합니다. 주로 백본 Area인 Area 0을 Transit Area라고 하며, 모든 다른 Area들은 통신할 때 꼭 트렌싯 Area를 거쳐서 가야만 합니다. 위에서 보시면 외부로 통신하든 내부로 통신하든 Area0을 거쳐서 통신한다는 걸 보실 수 있습니다.
② Regular Area(보통): 사용자 계층 Area로서 Area 0을 제외한 모든 단일 Area를 뜻합니다.

이제 각 Area가 뜻하는 바도 알았으니 각 라우터의 명칭을 알아봅시다.

① Internal Router(내부 라우터): Area 1,2,3의 가장 밑단의 라우터로서 단일 Area에 속하면서 다른 Area와는 연결되지 않은 내부 라우터를 뜻합니다.
② ABR(Area Border Router): 백본 Area와 단인 Area를 중개할 수 있는 라우터를 ABR이라고 하며 예제에서는 Area 1,2,3의 윗단 라우터가 Area 0과 접촉되어 있으므로 ABR로 칭해집니다. ABR은 LSA Flooding의 영역을 분할, 요약, 경로 업데이트, LSDB를 관리하게 됩니다.
③ ASBR(Autonomous System Boundary Router): AS 간에 중개해주는 라우터 입니다. 차후 배울 LSA 모델에서 LSA 5Type을 광고해주는 데 사용되며 OSPF는 Area를 하나의 덩어리로 보기 때문에 같은 AS 안에서도 Area가 틀리면 ASBR에서 재분배 해주어야만 합니다. 예제의 경우 Area 0 에 있는 윗단 라우터가 ASBR에 해당 됩니다.

아직도 감이 안 잡히신다고요? 그럼 간단하게 정리해 봅시다.

명칭	역할	속한 AS 및 Area
내부 라우터	하나의 Area안에서 라우터 간의 중개	하나의 Area(AS 상관 없음)
ABR	Area 간에 중개	2개의 Area 사이
ASBR	AS 간에 중개	2개의 AS 사이

OSPF는 EIGRP와 마찬가지로 네이버 라우터를 성립하게 됩니다. 네이버 라우터와는 헬로우 패킷을 멀티캐스트 주소 224.0.0.5를 통하여 교환합니다. 여기서 헬로우 주기와 데드 주기는 정해져 있습니다. 서로 헬로우 패킷을 교환하여 네이버 관계가 성립되면 LSA광고 패킷을 교환하여 Link-State Advertisement Database(LSDB) 동기화 작업을 실시합니다. 그리고 LSA 패킷을 수신한 라우터는 반드시 LSA reply를 보내 주어야만 합니다.

경우에 따라서는 다른 네이버 라우터로 최신 LSA 패킷을 광고하여 해당 Area안에 LS 동기화를 실시합니다. EIGRP와는 다르게 OSPF는 헬로우 주기와 데드 주기가 틀리면 네이버 관계가 성립되지 않습니다. 헬로우 주기와 데드 주기는 다음의 표를 참고해 주세요.

토폴로지	Hello Interval	Dead Interval
Point-To-Point	10초	40초
Broadcast	10초	40초
NBMA(Nonbroadcast)	30초	120초
Point-To-Multipoint	30초	120초
Point-To-Nonbroadcast	30초	120초

OSPF에서 네이버 관계 성립 시 헬로우 주기와 데드 주기 외에도 몇 가지를 조건이 따릅니다.

① 같은 Area에 포함되어야만 합니다.
② MD5인증에 대한 사항이 동일해야만 합니다.
③ Stub Area 라우터들은 Stub를 설정해야만 합니다.
④ MTU Size가 동일해야만 합니다.

일례로 제가 OSPF를 공부할 때 MTU를 자세히 몰라서 혼자서 13시간 동안 삽질(?)한 적이 있습니다. MTU 사이즈는 Maximum Transit Unit로 갈 수 있는 한계를 정의하는 값입니다. 주로 기본값은 1544로 설정되어 있습니다.

OSPF에서 중요한 다른 한 가지를 뽑는다면 DR(designated Router)와 BDR(Backup Designated Router)을 선정한다는 것입니다. DR과 BDR은 네트워크 구간에 따라 나뉩니다. PTP는 점대점으로서 1:1 통신이고 PTM은 1:다수 통신으로 생각하시면 됩니다.

토폴로지	DR과 BDR 선정
Point-To-Point	선정 하지 않음
Broadcast	선정 함
NBMA(Nonbroadcast)	선정 함
Point-To-Multipoint	선정 하지 않음
Point-To-Nonbroadcast	선정 함

그럼 왜 DR과 BDR를 선정하는 것일까요? 먼저 DR과 BDR의 역할 부터 알고 갑시다.

① DR: OSPF 라우터를 관리하는 허브 라우터
② BDR: DR의 후속 허브 라우터

간단하게 이야기하자면 DR은 OSPF를 관리하는 총괄 책임자 라우터고 BDR은 DR 다운 시 그 역할을 넘겨받기 위한 백업 라우터입니다. 그럼 어떤 방식으로 선출되는 것일까요?

① OSPF 라우터 Priority 값이 높은 라우터
② OSPF Router-ID 가 높은 라우터

이렇게 크게 2가지 방식으로 선출됩니다. Priority 값은 우선 순위로서 관리자가 임의로 지정 가능하며 기본값으로 사용되어 같은 값이 존재할 시 Router-ID로서 선정하게 됩니다. 가장 높은 값은 DR로 그 다음으로 높은 값은 BDR로 선정되게 됩니다. Router-ID 의 경우 따로 지정하지 않으면 물리적 인터페이스의 IP가 가장 높은 걸로 선정되며 가상 인터페이스 (Loopback)주소 존재 시 가장 높은 루프백 주소가 선정됩니다. 하지만 이 모든 과정은 관리자가 router-id 코맨드를 사용하여 임의로 지정하여 사용할 수 있습니다. 앞에서부터 자꾸 토폴로지에 대해서 이야기하였죠? 아직 잘 모르시는 분들을 위해서 한번 짚고 갑시다. 토폴로지는 흔히 물리적 구성 또는 논리적 구성에 의해서 결정되며 논리적 구성이 대다수를 차지합니다.(선 꽂으러 가기 귀찮잖아요.) 그럼 각 토폴로지 또는 네트워크 타입 별로 특징을 알아 봅시다.

토폴로지	특징
Point-To-Point	하나의 서브넷 마스크를 사용 하며 LAN/WAN 구간에서 사용 가능합니다.
Broadcast	WAN 인터페이스를 LAN 구간의 이더넷 인터페이스처럼 작동하게 바꿔 줍니다. 역시 하나의 IP 서브넷을 사용하며, 멀티캐스트를 사용하는 헬로우 패킷을 교환하여 네이버를 자동으로 찾아냅니다.
NBMA(Nonbroadcast)	네이버를 수동 선출 해줘야 하며 Partial Mash 환경에서 적합합니다.
Point-To-Multipoint	네이버를 자동으로 찾으며 네이버에 대한 세부적인 사항을 포함한 LSA를 추가적으로 전송합니다. 하지만 추가 전송이 라우팅 테이블에 경로를 증가시킵니다.
Point-To-Nonbroadcast	브로드캐스트/ 멀티 캐스트를 VC에서 사용할 수 없는 경우 사용되며 네이버를 수동 선출합니다.

여기서 Partial Mesh란 하나의 라우터가 모든 라우터를 중개해주는 역할을 하며 Full Mesh는 모든 라우터가 서로 커넥트된 토폴로지를 이야기합니다. OSPF의 패킷 구조도 중요하지만 더욱 중요한 건 LSA 타입 별 차이입니다. LSA는 광고 패킷으로 개별적으로 LSDB

를 기록하는 일을 수행합니다. 이러한 정보들을 기록하여 OSPF 네트워크 또는 Area 전체의 토폴로지를 구성하는 역할을 수행합니다. LSA는 OSPF 패킷의 타입 5에 포함되어 전송됩니다. 그럼 한번 각 LSA 타입 별로 역할을 알아 봅시다.

LSA 타입	역할	경로 정보 이름
LSA 1	라우터 링크 광고	O: Intra-Route
LSA 2	네트워크 링크 광고	O: Intra-Route
LSA 3 & LSA 4	요약 링크 광고 (LSA 3 는 요약 경로, LSA 4는 ASBR로 향하는 정보)	O IA: Inter-route
LSA 5	외부 AS 링크 광고	O E1, O E2: External Route
LSA 6	멀티캐스트 OSPF LSA	
LSA 7	NSSA 링크 광고	O N1, O N2, NSSA External Route
LSA 8	BGP 외부 속성 광고	
LSA 9, LSA 10, LSA 11	미 지정 LSA 광고	

그럼 왜 LSA 타입이 중요할까요? 각 LSA 타입을 알고 있으면 네트워크 장애 시 디버깅을 걸어서 LSA 타입 패킷을 찾고 어디서 문제가 발생하였는지 알 수 있습니다. Associate 단계에서는 '아, 이런 타입으로 나뉘어져 있구나'까지만 아시면 무난하게 공부를 하실 수 있습니다. 그래도 한번 큰 맵에서 LSA 타입 별로 한번 전송 방식을 봅시다.

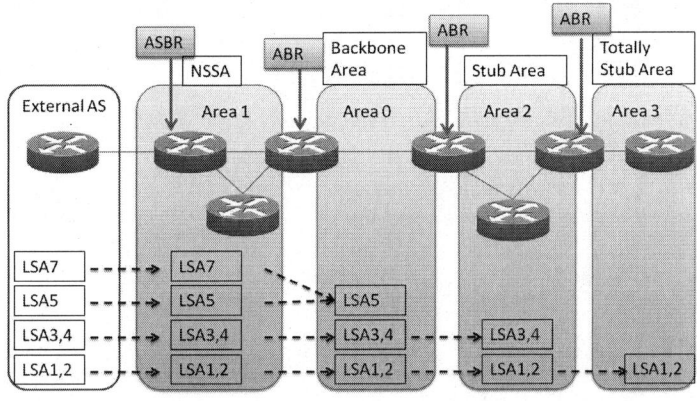

해당 망에는 총 7개의 내부 라우터로 연결되어 있습니다. Area1은 외부 AS와 연결되니 ASBR에 해당되며 나머지 AS 간 연결망은 ABR에 해당됩니다.

NSSA는 마찬가지로 외부 AS와 연결해주는 Area를 지칭하며, 백본 Area는 Area 0을, Stub Area는 외부 정보를 받아들이지 않는 Area입니다. Totally Stub Area는 내부 Area의 정보만 받아들이며 LSA1,2 타입만 전달됩니다.

혹시 Area 0에 LSA7과 5가 LSA5 하나로 합쳐지는 게 보이시나요? NSSA에서 넘어온 외부 AS 정보인 LSA7은 NSSA를 거치고 나면 내부 AS 정보로 취급되며 LSA5로 자동으로 바뀌게 됩니다.

지금까지 OSPF에 대하여 알아 봤는데요. OSPF에서는 네이버 수립보다 토폴로지에 더욱 관점을 두어야 하는 프로토콜입니다. 하지만

Associate 급에서는 토폴로지보다 패킷에 관점을 두어 공부하기 때문에 토폴로지는 Professional 급에 해당하는 Part2에서 찾아보실 수 있습니다.

5-6 BGP

BGP(Border Gateway Protocol)는 ISP 운영회사들 상호간에 주로 사용되는 라우팅 프로토콜로서 1989년 EGP를 개량한 BGPv1이 만들어졌고, 최근까지 사용되는 BGPv4는 1995년 나오게 되었습니다. 흔히 우리가 BGP를 이야기할 때는 겁나게(!) 큰 놈이라고 이야기들 합니다. BGP는 MAN이라는 국가기반 네트워크 망을 이야기합니다. 일례로 일반 유저가 OSPF나 EIGRP등 IGP(Interior Gateway Protocol)을 개인 PC에서 확인해 볼 수 있다면, BGP는 EGP(Exterior Gateway Protocol)로서 개인 사용자가 확인해 볼 수는 없지만 앞서 살펴 보았던 OSPF의 AS를 연결하기 위해서는 꼭 BGP를 거쳐 가야만 합니다. 우리가 지금까지 살펴 보았던 OSPF, RIP, EIGRP는 소규모 및 대규모 망에서 쓰이는 IGP이며 유일하게 BGP만이 초대규모 망에서 사용되는 EGP입니다.

BGP의 특징은 OSPF와 EIGRP처럼 AS(독자 그룹)을 기반으로 작동한다는 것입니다. BGP는 인터넷을 각각 유일한 AS 집합으로 분리해 놓고 AS 덩어리로 통신을 하게 됩니다. 또한 골(?) 때리는 건 BGP처럼 큰 프로토콜이 디스탠트 백터 프로토콜이란 것입니다. 하지만 완벽한 디스탠트 백터는 아니고, 약간 발전된 형태의 Path Vector(경로 백터) 라우팅 프로토콜입니다. 아무래도 대규모 망을 관리해야 되다 보니, Path(경로)에 대하여 조그마한 프로토콜처럼 최적, 최단 경로를 찾기보다는 도달 가능성(reach ability)을 알리는 데 사용됩니다.

주로 ISP에서만 BGP를 사용하며 국가기반이기 때문에 SP로 근무하지 않는 이상 많이 사용하실 일은 없을 것입니다. 그래도 몇 가지 특징은 잡고 갑시다.

▶ Reliable Update(신뢰할 만한 업데이트)
BPG는 TCP포트 179번을 사용하여 TCP의 장점인 신뢰성을 이용하여 통신합니다. 또한 업데이트 시 TCP를 이용하여 네이버 관계 및 상호간에 업데이트를 실시하기 때문에 신뢰성 보장에 용이하며 주기적으로 Keepalive(BGP 메시지) 교환을 통해서 네이버 관계 및 TCP 연결 상태를 체크합니다. 그리고 Looping-free한 라우팅을 보장합니다. 여기서 루핑은 무한 루프와 같은 개념으로 원하지 않는 경로로 패킷이 계속해서 순환되는 장애를 뜻합니다.

▶ 라우팅 정보의 점진적 부분 갱신(=Incremental, Partial, Triggered Update)
BGP는 디스텐트 백터 프로토콜처럼 주기적으로 정보를 갱신하지 않고 라우팅 테이블에 변화가 있을 시에만 네이버 라우터에게 갱신 정보를 광고하게 됩니다. 다만 처음 BGP 세션(네이버 관계 성립)을 맺을 때만 라우팅 정보를 필요로 하며 이후에는 변화된 정보만 동기화하게 됩니다.

▶ Classless
CIDR(Classless Interdomain Routing)을 사용하여 VLSM 기능을 활성화하게 됩니다.

▶ Policy-based (정책 기반)
　선택된 경로를 삭제 또는 무시하거나 정책에 의해서 가중치 부여가 가능합니다.

▶ BGP Session
　BGP는 크게 2가지 개념으로 나뉘게 됩니다.
1. EBGP(External BGP): 다른(외부) AS로서 AS와 AS사이에서 수많은 경로 정보들을 교환하는 용도로 사용됩니다. TTL값은 1로서 FR환경을 제외하고서는 네이버 관계를 집적 성립하여 주어야만 합니다. AD값은 기본적으로 20이며 새로운 경로 정보 추가 시 20초를 기다렸다가 업데이트하게 됩니다.
2. IBGP(Internal BGP): 동일(내부) AS로서 AS내부에서 EBGP로 받은 BGP경로 정보를 다른 AS에 업데이트하기 위한 용도로 사용됩니다. TTL값은 255로서 네이버 관계에 대하여 제한이 없습니다. 또한 직접 연결이 아니더라도 TCP연결과 BGP 네이버 성립이 가능합니다. AD 값은 기본적으로 200 이며, AS내부에서 BGP경로 정보 전달을 위해 EBGP보다 큽니다. 또한 새로운 경로가 추가될 시, 5초의 텀을 두고 업데이트를 하게 됩니다.

이렇게 써놓고만 보면 무슨 말인지 도통 감이 안 잡히시죠? 그럼 한 번 하나의 토폴로지에서 지금까지 학습하였던 EIGRP, RIP, OSPF, BGP를 살펴 봅시다. 참고로 Associate에서는 정책 수렴 같은 복잡한 BGP 기능보다는 전체적인 큰 그림을 보는 것이 더 중요합니다.

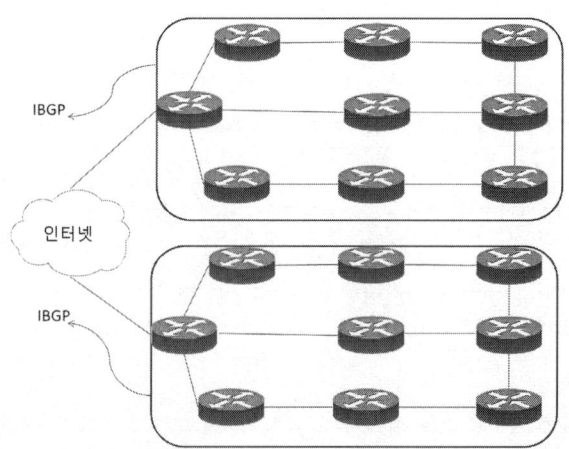

이런 식으로 하나의 거대망(BGP) 안에 각 IBGP가 있고 이 IBGP는 서로 인터넷을 통해 EBGP로 연결이 됩니다. 가령 윗단의 IBGP를 A로 하고 아랫단의 IBGP를 B라고 하면 A의 입장에서는 B가 EBGP, B의 입장에서는 A가 IBGP로 취급되게 됩니다. 그럼 하나의 IBGP안에서는 또 어떻게 구성되어 있을까요? 확대해서 살펴 보도록 합시다.

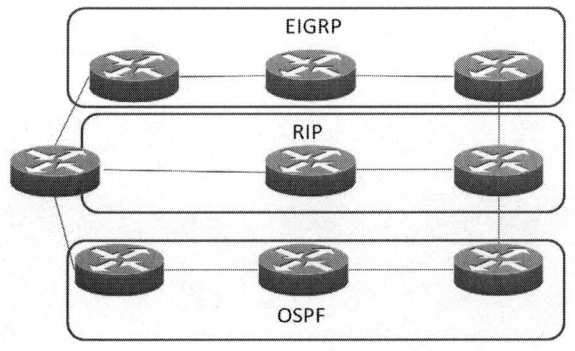

이렇게 3개의 IGP 프로토콜이 사용되고 있습니다. 그럼 다시 한번 컨셉을 정리해보자면, BGP를 제외한 EIGRP, RIP, OSPF는 IGP이며 BGP는 EGP로서 IGP들을 전송하는 데 사용되며 다시 BGP는 크게 IBGP와 EBGP로 나뉘는데 IBGP는 IGP를 포함하는 하나의 덩어리이며 EBGP는 하나의 덩어리와 다른 덩어리를 이어주는 역할을 하는 외부 BGP이다, 라고 정리가 가능하겠습니다.

여기까지가 각 라우터 프로토콜의 특징 및 구성이었습니다. 아무래도 약간 이론적인 내용이라 답답하셨는지도 모르겠네요. 다만 아직은 자세한 세부적인 내용이 필요 없다는 생각 하에 간단하게 컨셉들만 짚고 넘어갔습니다. Associate 단계에서는 너무 세부적인 내용보다는 커다란 그림을 잡고 각 프로토콜의 기능을 이해하는 것이 더욱더 중요 합니다. 각 프로토콜의 세부적 기능은 명령어 책에도 다 나와있고 다른 책에서도 많이 다루기에 본문에 포함하지 않았습니다.

알고가기

> BGP와 RIP은 서브넷 마스크를 사용하여 네트워크 주소의 길이를 정해줍니다. 반면 OSPF와 EIGRP는 Wild Mask라는 다른 방법을 사용합니다. Wild Mask는 이진수로 변경할 때 서브넷에 반대되게 해주면 됩니다. 가령 255.255.255.255 의 서브넷은 0.0.0.0의 와일드 마스크로 표현됩니다. 짝수와 홀수에 따라 다른데 Professional 단계에서 ACL을 설명할 때 다시 한 번 다뤄보도록 하겠습니다.

짚고가기

> 여담으로, 제가 Associate 단계를 공부할 때 너무 많은 것을 처음부터 배우다 보니 버거운 느낌도 있고 알아듣지는 못하는데 컨피그만 계속 하다 보니 결국 Professional 단계에서 다시 처음부터 배웠던 경험이 있습니다. 너무 처음부터 많은 것을 배우기보다는 큰 그림을 먼저 이해한 후, 작은 그림도 이해해 가는 것이 중요합니다. 혹시라도 독자 분들 중에서 네트워크 디자인에 관심이 있으시다면 큰 그림의 중요성은 더욱 부각됩니다. 나중에 가면 라우터와 스위치뿐만 아니라 서버, Nexus 솔루션, 화상 솔루션을 포함한 위성(!)까지 다루는 환장하도록 많은 기기를 다루기 때문에 결과적으로는 큰 그림을 이해하시는 것이 자잘한 기능보다는 더 도움이 됩니다. 이상하게 눈 씻고 찾아봐도 다른 책에서는 이런 내용을 다루지 않더군요. 아마 다들 작은 그림에 관심이 있고 또한 작은 그림을 위주로 다들 생활하다 보니 큰 그림을 놓치시는 것 같습니다.
> 그럼 요번 챕터에서 배운 것을 다시 한 번 각자의 노트에 정리하시고 다음 챕터에서는 한 번 3routers 예제 실습을 위한 다이나밉스를 설치하고 구성해보도록 하겠습니다.

Chapter 6

다이나밉스 준비

요번 챕터에서는 다이나밉스라는 이뮬레이터(emulator)를 이용한 간단한 네트워크 구축까지 해보겠습니다. 다이나밉스는 GNS와 동일하게 시스코 IOS를 사용한 가상 이뮬레이터입니다. 가상 이뮬레이터는 참 유용한 부분이 있습니다. 특히 네트워크 에서는 라우터와 스위치의 엄청난 가격 때문에 초보자가 시작할 때 연습을 위해서 구입하기에는 다소 부담되는 부분이 있습니다. 그래서 나온 것이 다이나밉스라는 친절한(?) 이뮬레이터입니다. 물론 패킷트레이서, GNS 등 다른 좋은 이뮬레이터도 있지만, GUI라는 장점을 제외하고는 다이나밉스가 가장 실제 장비에 근접한 이뮬레이터입니다.

> **짚고가기**
>
> 〉Simulator와 Emulator를 많이들 헷갈려 하시는데 시뮬레이터는 프로그램을 이용하여 라우터를 흉내내는 것이라면, 이뮬레이터는 정말 라우터를 가상으로 실행시키는 프로그램입니다.
> - Simulator - 프로그램을 Input과 Output을 가상으로 흉내내는 것(ex. Packet Tracer)
> - Emulator - IOS가 MIPS 기반 CPU에서 구동하여 virtual layer의 도움으로 실제 장비의 기능의 동작과 환경을 실행시켜 주는 것.(ex. Dynampis, GNS3)

하지만, 이렇게 찬양 받는 다이나밉스에도 단점이 있습니다.

DTU, DTE 구별이 없다.

약간 웃긴 이야기이기도 한데요. 당시 개발자 분인 Christophe Fillot(크리스프 필롯) 분이 깜박하고 DTU, DTE 구별을 안 만드셨다고 하네요. 그래서 Show int X/X 식으로 명령어를 치게 되면 항상 DTU가 나오게 됩니다. 여담으로 말해보자면, 기자 회견에서 질문자 분들이 왜 DTU, DTE 구별을 안 두었냐고 따지니 개발자 분이 1 million 우리나라 돈으로 11억 원 가량을 주면 만들어 주겠다고 하셨네요. 혹시 정말로 DTU, DTE를 꼭 다이나밉스에서 봐야겠다고 하시는 분은 개발자 분께 11억 원 정도 기부해주시고 보시면 됩니다.

◼ 스위치가 없다.

약간은 아이러니한 말이죠. 모두가 다이나밉스에서 스위치를 사용하는데 황당하게 스위치가 없다니요? 정확하게 말해서는 스위치를 사용하는 것이 아니라, 라우터에 스위치 모듈을 꽂은 스위치처럼 생긴 라우터를 사용하는 것입니다. 그러므로 VLAN 생성 시에도, 보통 때 하는

VLAN (숫자)

명령어가 아닌,

VLAN data-base
VLAN (숫자)

명령어로 만들어 주셔야 합니다.

넷 파일의 엄청난 압박

이건 초보자 분들이 많이 겪는 고통인데요. 보통 처음 시작할 때 넷 파일을 보시게 되면 한숨부터 쉬시더라고요. 그 정도로 생긴 건 복잡하지만 안은 간단합니다. 요번 챕터에서 확실하게 익히시고 가면, 너무 걱정하실 부분은 아닙니다.

라우터의 제한

2012년 현재 다이나밉스에서 사용 가능한 라우터는 2600, 3620, 3640, 3660, 3725, 3745, 7206 시리즈입니다. 실제 현역에서는 더 많은 기종의 라우터가 구동 중이지만, 다이나밉스에서는 프로그램의 한계로 라우터 기종의 제한이 있습니다.

6-1 다이나밉스 설치

이제 다이나밉스에 대한 기본을 알았으니 다이나밉스의 구동 방법과 설치를 해보겠습니다. 다이나밉스는 설명해드렸던 것과 같이 가상으로 장비를 구동시키는 것입니다. 그러므로 가상의 라우터 인터페이스와 물리적 네트워크 카드를 연결해주는 윈캡(wincap)이라는 프로그램과 다이나밉스 두 가지가 필요합니다. 두 프로그램의 설치 파일은

http://blog.naver.com/leenetwork

의 Chapter 9 폴더에서 다운 가능합니다. 또는, 해당 개발사와 개발자 사이트에서 다운 가능합니다.

Wincap : http://www.winpcap.org/install/default.htm
Dynamips : http://sourceforge.net/projects/dyna-gen/files/

보통 설치 부분에서, 어떤 분들은 설치하는 순서가 상관 없다고 말씀하시지만, 제 경험에 의하면 다이나밉스를 먼저 설치할 경우에는 구동이 안 되는 경우가 있어서 윈캡을 먼저 설치 하실 것을 추천합니다.

1. 윈캡 설치

예전에는 안 그랬지만, 최근 몇몇 백신에서 윈캡을 바이러스 또는 악성코드로 착각하고 막아 버리는 경우가 자주 일어나고 있습니다. 그러므로 윈캡 설치 시에는 백신을 꺼주심이 정신건강에 좋습니다.

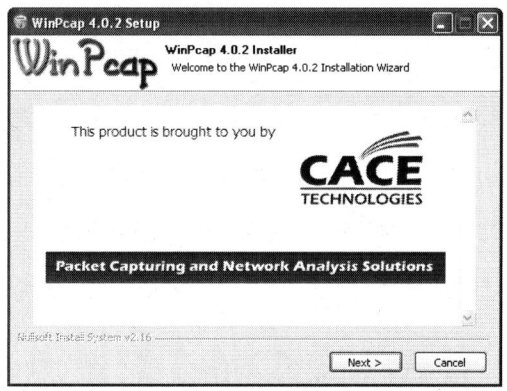

윈캡 설치 파일을 클릭하시게 되면, 가장 먼저 보이는 페이지입니다. Next 를 눌러서 다음 페이지로 넘어가시면 됩니다.

계속 다음…

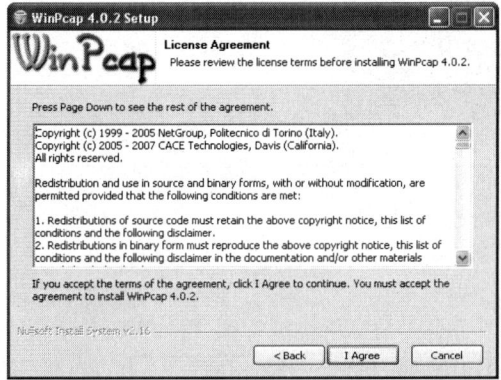

I agree 클릭

설치 중

Finish. 간단하죠. 하지만 가장 중요한 설치입니다.

2. 다이나밉스 설치

저번에 어떤 분을 가르칠 때 다이나밉스 설치 과정에서 다이나밉스 설치 파일을 보시더니 "이거는 다이나젠이라는데요?"라고 하셔서 웃은 경험이 있습니다. 다이나밉스의 설치 파일 이름이 다이나젠 입니다. 저도 정확한 이유는 모르겠습니다. 파일을 다운받으신 후 Dynagen 0.11.0 setup을 실행시키시면,

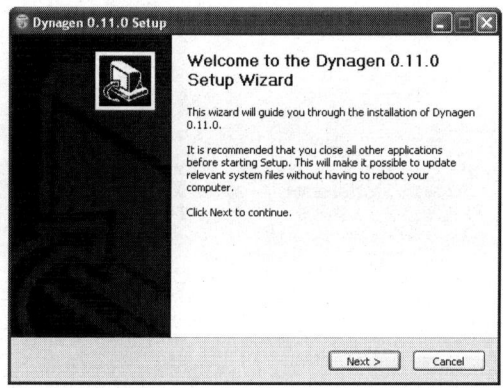

같은 창이 나오게 됩니다. 그 후 Next, I agree, Install 버튼을 차례대로 클릭하시면,

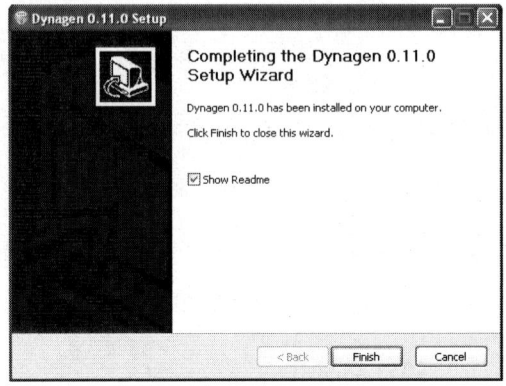

이와 같은 창이 생성 나오면서,

바탕화면에 이렇게 3개의 실행파일과 한 개의 폴더가 생성합니다.

이제 다이나밉스도 다 깔았으니 간단한 부가 설명을 하고 작은 랩을 구축해보겠습니다.

다이나밉스는 가상 프로그램이므로 많은 자원을 필요로 합니다. 물론 화려한 그래픽 게임 정도는 아니더라도, 어느 정도의 컴퓨터 성능이 받쳐줘야 합니다. 정확하게 통계가 난 것은 없지만, 경험에 의하면, 노트북 기준 아톰, T2000이하 데스크탑 기준 듀얼 코어 이

하면 라우터 3대 이상은 힘들다고 보셔야 합니다. 하지만 요즘 상용되는 i5 정도의 CPU라면 CCIE 풀랩을 돌리는 데도 전혀 무리가 없습니다. 또한, 다이나밉스는 라우터를 켤수록 더욱 더 많은 메모리를 필요로 합니다. 그러므로 노트북 또는 데스크탑을 구매하실 때 CPU와 메모리(4G 이상)를 선택하시는 게 바람직합니다. 하지만 최근 하드를 가상 메모리로 사용하는 방법도 있으니 상황이 안 되면 하드를 메모리로 사용하셔도 됩니다. 여담으로 전에 노트북 도난 당하여 넷북(아톰)으로 다이나밉스를 돌린 적이 있는데 라우터 4대를 켜니 갑자기 악마의 블루스크린이 나오더군요.

이제 본격적으로 랩 구축 전에 몇 가지를 준비해 보겠습니다. 다이나밉스를 실행하기 위해서는 넷파일이라는 IOS와 네트워크를 연결시켜주는 설계가 필요한데, IOS와 넷파일을 잘 정리해주시는 게 포인트입니다. 보통의 경우는 D 드라이브를 따로 만들어 다이나밉스를 관리합니다. 많은 분들이 폴더를 하나하나 만들기 힘들어 하므로 앞 페이지의 저자의 블로그에서 폴더를 다운로드 하여 D 드라이브에 압축을 풀어주시면 됩니다. 다만 D 드라이브에 폴더를 풀어주신 것이 아니라면 넷파일에 대하여 조금의 수정이 필요합니다.

6-2 다이나밉스 예제 파일 설명

다이나밉스도 설치하였으니 이제 한번 예제 파일을 설명하여 보도록 하겠습니다. 앞 장에서 말씀드린 것처럼 저자의 블로그에서 dynamips.zip파일을 다운로드하여 D 드라이브에 압축을 풀어 주시기 바랍니다.

해당 넷파일을 분석해 보도록 하겠습니다. 〈넷파일은 마우스 오른쪽 클릭 후 연결 프로그램에서 메모장으로 여시면 해당 소스를 보실 수 있습니다.〉

model = 3660   // 라우터 모델은 3660으로 지정해 줍니다.
autostart = false   // autostart는 해당 넷파일을 실행하였을 시 모든 장비가 한번에 시작되느냐 아니냐를 결정하는 옵션입니다.
ghostios = true   // 가상 메모리를 지정하느냐입니다.
sparsemem = true   // 실제 돌아가는 장비만 메모리를 할당해 주는 옵션입니다.

[localhost]
workingdir = d:\dynamips\dynagen\3routers_working   //워킹 디렉토리

workingdir과 image 두 부분이 다이나밉스 폴더를 어디에 두냐에 따라 달라지는 부분입니다.

만약 저처럼 D드라이브 안에 풀었다면 해당 소스를 쓰셔도 무관하십니다. 다만, 다른 폴더를 썼을 경우는 꼭 바꿔 주셔야 합니다.

    workingdir = d:\dynamips\dynagen\3routers_working
    image = d:\dynamips\images\c3640-is-mz.122-21.bin

해당라인에서 d: 부분만 바꾸어 주시면 됩니다. 경로 확인 방법은, 해당 넷파일을 마우스 오른쪽 버튼 클릭 후 속성에 들어가면,

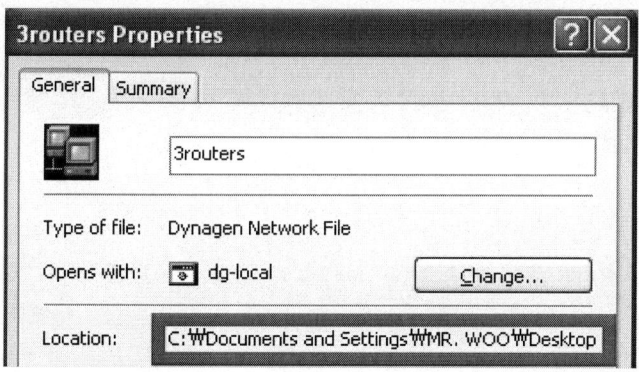

해당과 같은 창에서 박스 안의 location 부분만 드래그하여 복사한 후

workingdir =C:₩Documents and Settings₩MR. WOO₩Desktop₩dynamips₩dynagen₩3routers_working
image = C:₩Documents and Settings₩MR. WOO₩Desktop/dynamips₩dynagen₩c3640-is-mz. 122-21.bin

185

이렇게 바꾸어 주시면 됩니다. 혹시라도 컴퓨터의 <u>유저 이름이 한글(ex. 홍길동)일 경우 반드시 영어로 바꾸어 줘야지만 작동합니다.</u> 해당 경우에는 바탕화면에 폴더를 풀었을 경우입니다.

이미지파일 또한, 해당 라우터의 IOS 파일에 맞춰 지정해 주어야만 합니다.

image = C:\Documents and Settings\MR. WOO\Desktop\dynamips\dynagen\c3640-is-mz. 122-21.bin

강조된 부분과 같이, 해당 예제에서는 c3640-is-mz. 122-21 IOS가 사용되었습니다.

다시 예제로 돌아와서 분석해 보자면,

[[3660]]　//윗 줄에서 정의한 라우터의 모델을 상세 설정합니다.
　　　image = d:\dynamips\images\c3640-is-mz. 122-21.bin　//이미지 경로
　　　ram = 128 //램 할당
　　　idlepc = 0x605d13cc　//idlepc 값

[[router sw1]]　//스위치 1에 대한 설정
　　　console = 3001　//콘솔 설정

```
        slot1 = NM-16ESW    //스위치 모듈 장착
[[router r1]]   //라우터 1에 대한 설정
        console = 2001   //콘솔 설정
        F0/0 = sw1 F1/1   //포트 설정


....  // 생략 부분은 위의 설명과 같습니다


[[FRSW fr1]]   //Frame-relay 부분 설정
        1:102 = 2:201   //각 라우터 연결
```

…. // 생략 부분은 위의 설명과 같습니다

이제 마지막으로 하나의 준비만 더 하고 실제 랩을 돌려보도록 하겠습니다. 예제에서 idlepc 값이라는 것이 있었습니다. 개발자 분의 말을 응용하면, Idlepc 값은 IOS를 돌리는 데에 가장 적합한 idle loop 값을 찾아준다고 합니다. 다시 말하자면, idlepc는 라우터가 컴퓨터 자원을 적절하게 사용하게 도와주는 값입니다. 만약 idlepc 값이 없이 라우터를 구동하게 되면, 컴퓨터가 감당할 수 없을 정도의 성능이 필요하게 됩니다. 여담으로, 팬티엄4 시절 idlepc 값을 모르고 다이나밉스를 쓸 때 4개의 라우터를 시작하는 데에만 25분 정도가 걸렸습니다. 그 정도로 다이나밉스에서는 idlepc 값이 필수입니다. Idlepc 값은 예제 실습에서 짚어 보도록 하겠습니다.

6-3 다이나밉스 3routers 예제 준비

해당 실습은 CPU P8700, RAM 4.00GB, WINDOWS 64bit 에서 운용된 것이므로 다른 환경에서는 동일하게 작동 하지 않을 수 있습니다.

이제 실습을 해보면서 설명을 해보도록 하겠습니다. 바탕화면에 보시면,

해당 그림과 같은, Dynamips Server라는 실행 파일이 있습니다. 클릭하시면,

해당과 같은 창이 나옵니다. 창을 닫지 마시고,

3routers

앞장에서 수정해주셨던 넷파일 을 실행해 주시면,

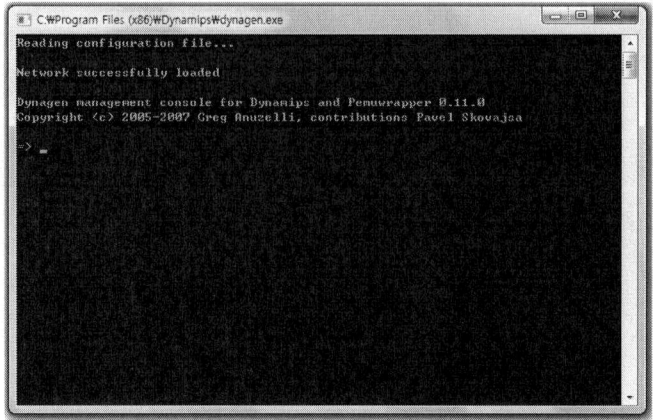

다시 이와 같은 창이 나오게 됩니다. 이제 해당 창에서 list라는 명령어를 사용하여 지정해준 장비가 제대로 지정이 되었나 보겠습니다.

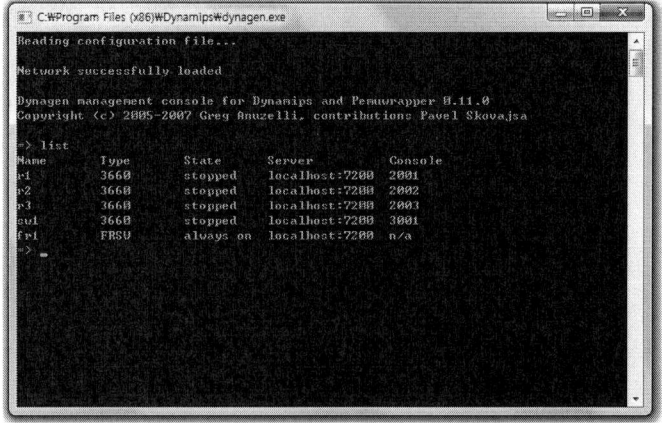

설정해준 라우터 3대, 스위치 1대, 프레임 릴레이 1대 총합 5대의 장비가 올라와 있습니다. State라는 라인은 해당 장비의 전원이 켜져 있나를 보여주는 것이며, stopped는 꺼져있다, running은 켜져 있다는 뜻입니다. Console이라는 라인은 해당 장비에 접속할 때 사용되는 콘솔 번호입니다. 이제 장비를 켜보겠습니다. 명령어는 start(장비 이름)이며, 모든 장비를 켤 때는 start /all이라는 명령어를 사용하시면 됩니다. 예제에서는 start /all로 모든 장비를 실행시키도록 합니다.

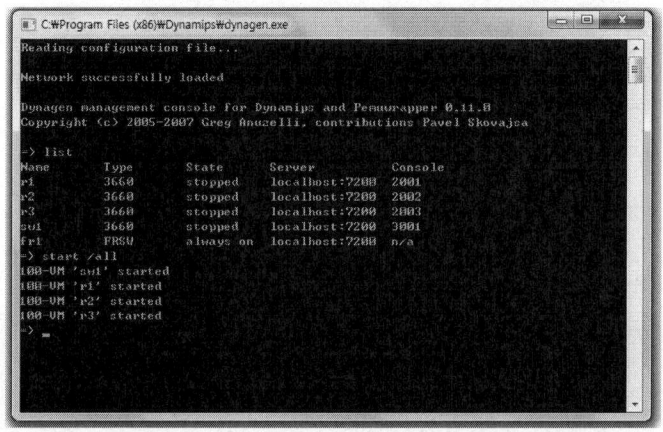

혹시 느끼시는 것이 없으신가요? 좋은 컴퓨터를 쓰시면 모르시겠지만, 저처럼 3년 된 노트북을 쓰는 분들은 갑자기 팬이 부웅 하는 소리와 함께 CPU 사용률이 올라가는 것을 느끼실 수 있을 것입니다. 이와 같은 현상을 위하여 idlepc 값이 필요합니다. 이제 CPU 100%를 없애기 위하여 idlepc 값을 잡아보도록 하겠습니다. 명령어는 idlepc get(장비 이름)입니다.

Idlepc get r1 명령어를 사용하여 r1의 idlepc 값을 보겠습니다.

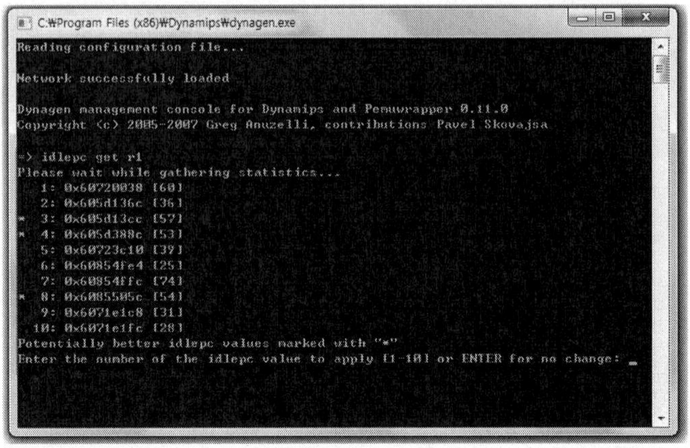

그림과 같이, 10개의 idlepc 값이 나오게 됩니다. 이중 * 가 앞에 있는 값 중 [ ] 안에 있는 번호가 가장 높은 값의 번호를 입력 후 엔터를 치시면 됩니다. 이 경우는 3번의 [ ] 가 57 이므로, 3번을 선택합니다. 그 후, idlepc save(장비 이름) default라는 명령어를 사용하여 idlepc 값을 저장해 주시면 됩니다.

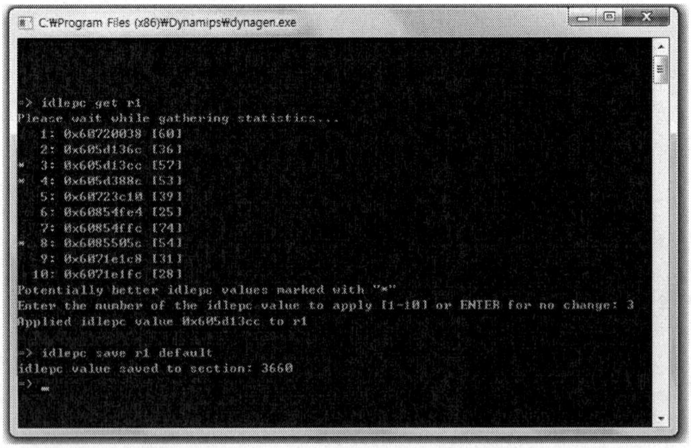

r1의 값을 저장하면 이렇게 저장이 되었다고 나옵니다.

* 만약 해당과 같이,

```
> idlepc get r1
r1 already has an idlepc value applied.
To recalculate idlepc for this device, remove the idlepc value from your lab or
from your dynagenidledb.ini
```

이미 idlepc 값이 있다고 나오는 경우는 위의 과정을 스킵하셔도 무관합니다.

위의 과정 후 넷파일을 메모장으로 열어 확인하게 되면,

[[3660]]
    image = d:₩dynamips₩images₩c3640-is-mz.122-21.bin
    ram = 128
    idlepc = 0x605d13cc

박스에 나타난 것처럼 idlepc 값이 저장되어 있는 걸 보실 수 있습니다.

최적화 작업도 다 맞췄으니, 본격적으로 라우터에 접속해 보도록 하겠습니다. 라우터에 접속할 때에는 telnet 127.0.0.1(console 번호) 명령어를 사용하시면 됩니다. 명령어는 실행창에서 입력하여 주시면 됩니다. 〈 실행창은 윈도우키 + R 로 열수 있습니다. 〉

윈도우 7의 경우는 제어판에서 텔넷 클라이언트 접속을 체크해 주셔야 지만 텔넷이 접속됩니다. 챕터의 짚고 가기에서 텔넷 접속 방법의 자세한 설명이 서술되어 있습니다.

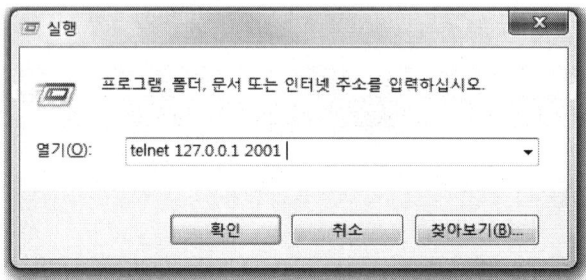

그럼 텔넷을 이용하여 모든 장비에 접속해 보도록 하겠습니다. 각각 2001, 2002, 2003, 3001 콘솔 번호를 사용하여 접속하셔야 됩니다. 명령어 telnet 127.0.0.1 2001를 사용하여 r1에 접속해 보도록 하겠습니다.

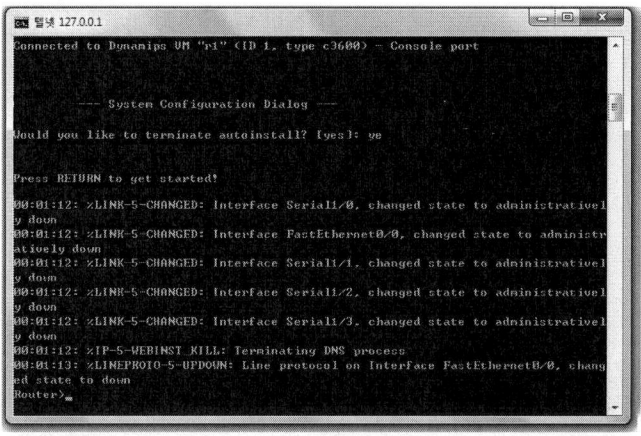

처음 질문에서 no를 하시고 다음 질문에서 yes를 하시게 되면 이제 라우터가 부팅되며 해당과 같은 창을 보실 수 있습니다. 그 후 각각의 라우터를 같은 방법으로 부팅하시고, 명령어 ?(물음표)를 치게 되면 해당 모드에서의 사용 가능한 명령어를 보실 수 있습니다.

현재 접속하고 계신 모드는 user mode(유저 모드)에 해당됩니다. 공장 초기화 상태에서는 유저모드에서는 설정의 저장과 수정을 제외하고 모든 기능이 작동합니다. 하지만, 실제 운용 라우터에서는 유저모드의 경우 관리자가 몇 개의 기능만 사용하게 하여 주로 커넥션 등을 확인하는 작업에 사용됩니다. 그럼 이제 한 단계 위인 privilege mode(프리빌리지 모드)에 접속해 보도록 하겠습니다. 콘솔에서 명령어 enable을 쳐주시기 바랍니다.

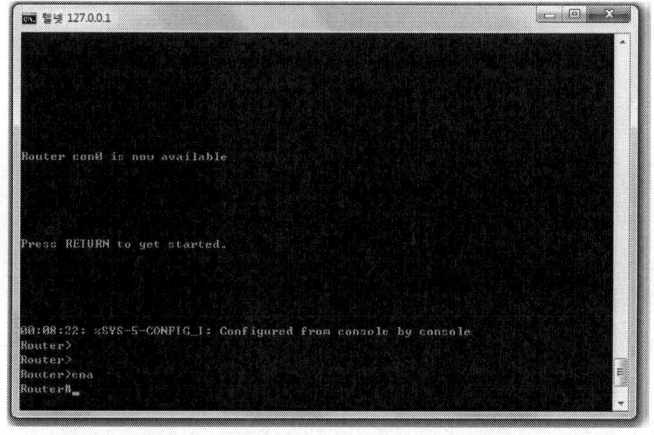

프리빌리지 모드는 관리자 모드라고 불리기도 합니다. 주로 설정을 저장하고 복구하는 데 사용되며, 가장 큰 차이점은 라우팅 테이블을 볼 수 있다는 것입니다. 라우팅 테이블은 패킷이 거쳐가는 루트 또는 길로서, 만약 불순한(?) 의도를 가진 사람이 라우팅 테이블을 손에 넣게 되면 패킷을 가로챌 수 있다는 것을 의미합니다. 그렇게 되면 흔히 말하는 정보 유출 또는 해킹을 당하게 되어버립니다. 예를 들자면, 요즘 스마트 폰 열풍에 힘이 입어 가정에서 많이들 무선 공유기를 설치합니다. 그런데 대부분의 경우 관리자 패스워드를 설정하지 않습니다. 많이들 무선 공유기의 WEP 인증이 안전하여 외부인이 네트워크에 접속하지 못할 거라고 예상하지만, 실제로는 와이어샤크와 몇몇 패스워드 매치 프로그램을 사용하면 쉽게 풀 수 있습니다. 결과적으로 관리자 패스워드가 없으면 외부인이 해당 가정의 모든 라우팅 테이블을 채취할 수 있고 그렇게 되면 정보 유출이 되거나 또는 사생활 피해를 입게 됩니다. 그만큼 관리자 모드는 강력한 영향력을 가지고 있습니다.

이제 각 호스트에 이름을 넣기 위해서 구성 모드로 가보겠습니다. 명령어는 관리자 모드에서 configuration terminal입니다.

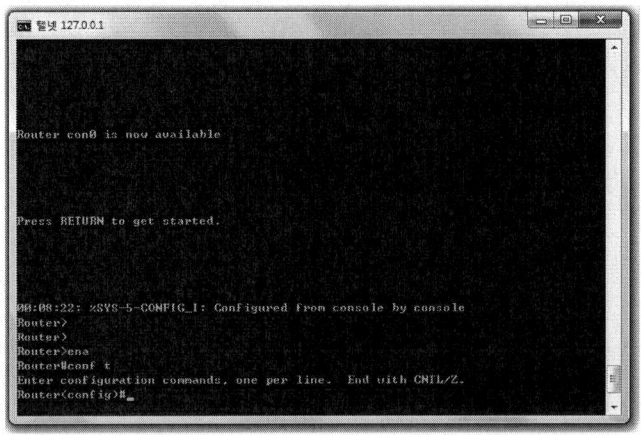

configuration mode 또는 구성모드라고도 불립니다. 관리자 모드와 구성모드의 가장 다른 점은 변경 삭제가 가능한 것입니다. 구성모드에서는 설정의 저장뿐만 아니라 변경, 삭제까지 가능합니다. 이제 명령어 host(이름)를 사용하여 각 장비에 호스트 명을 할당해 보겠습니다.

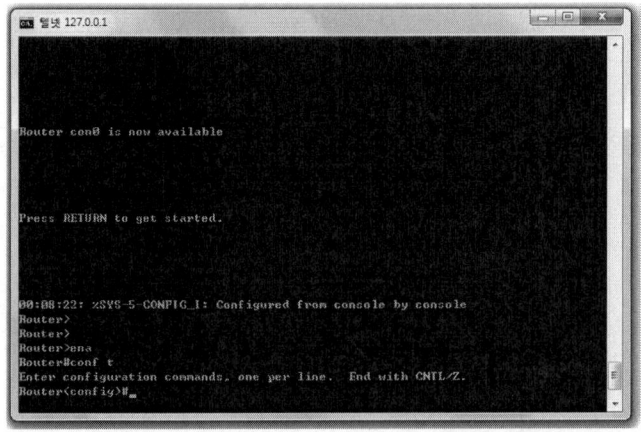

해당과 같이, 각 호스트의 이름이 변경된 것을 확인하실 수 있습니다.

정리해보면, 유저 〈 관리자 〈 구성 모드가 됩니다. 셋업 모드와 부트 모드가 있지만 자주 사용되지는 않습니다. 해당 표를 참고해 주세요.

명칭	권한	표식
User Mode	하드웨어 확인 및 텔넷 접속	Router>
Privilege Mode	설정을 확인하거나 저장 또는 load	Router#
Configuration Mode	설정을 변경 및 삭제가능	Router(config)#
Setup Mode	기본 설정을 쉽게 구성	
RXBoot Mode	복구	Router(boot)#

짚고가기

> 다이나밉스를 사용하다 보면 PC의 온도가 100도를 넘나들며, CPU 점유율이 100퍼센트까지 올라가는 경우가 허다합니다. 라우터를 가상에서 돌리니 어쩔 수 없는 문제지만 한편으로는 조금의 설정으로 최대한의 자원을 아낄 수 있습니다. 가장 많이 사용되는 방법으로는 라우터에서 도메인을 찾지 않게 하는 것과, 자동 로그아웃을 꺼놓는 기능입니다. 명령어는 다음과 같습니다.

```
Router>enable
Router#configure terminal
Router(config)#no ip domain lookup
Router(config)#line console 0
Router(config-line)#logging synchronous
Router(config-line)#exec-timeout 0
```

위와 같이 설정해 놓을 경우 타임아웃을 0으로 잡음으로써 자동 로그아웃 기능을 막을 수 있습니다. 다만 실무 환경에서는 절대 사용하시면 안됩니다. 자동 로그아웃기능이 없다면 깜박하고 라우터에서 로그아웃을 하지 않을 경우 관리자 외에 다른 사람이 텔넷으로 접속하여 라우터가 악용될 수 있으므로 절대로 타임아웃을 0으로 설정하면 안 됩니다.

> 윈도우 7부터는 텔넷 접속을 기본적으로 차단되어 있습니다. 그러므로 수동으로 텔넷 접속을 추가해 주셔야 합니다. 해당 경로로 접속합니다.

> 제어판₩모든 제어판 항목₩프로그램 및 기능

그 후, 프로그램 제거 또는 변경 왼쪽 칼럼에 있는 **Windows 기능 사용/사용 안 함**을 클릭하여 줍니다.

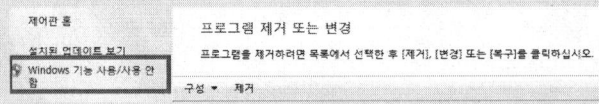

그럼 하나의 창이 뜨면서 여러 가지 윈도우 기능이 나옵니다. 우리가 원하는 것은 텔넷 사용이므로 리스트 가장 밑에 있는 텔넷 클라이언트를 체크하여 줍니다.

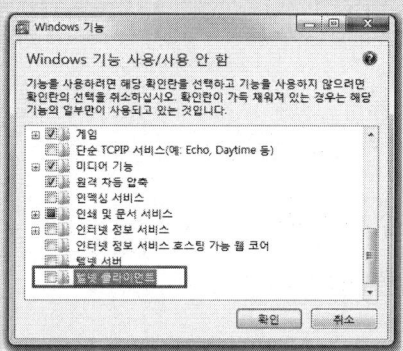

체크를 하신 후 확인을 클릭하시게 되면,

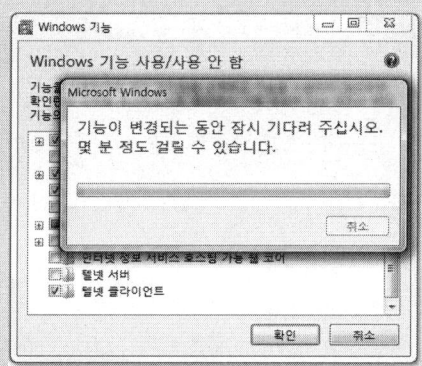

해당과 같은 창이 생성되면서 약 1분 정도 후에 자동으로 적용이 되어 있습니다.

〉 챕터 9.3의 예제에서 보시면, enable을 ena로 configuration terminal을 conft로 명령어를 줄여서 사용하는 경우를 보실 수 있겠습니다. 보통 프로그램 코드를 짤 때는 모든 명령어를 쳐주셔야 하지만, 네트워크 장비에서는 가장 짧은 명령어로 사용이 가능합니다. 다만 해당 명령어의 앞 절과 겹치는 다음절이 없을 경우에만 사용 가능합니다. 가령 configuration terminal을 치시려고 conf만 한다면 configuration 뒤에 confirm, memory, network등 다른 명령어가 들어갈 수 있기 때문에 다음 줄에서 terminal로 접속할 건지 물어봅니다.

6-4 Secure CRT

SecureCRT는 VanDyke Software에서 개발한 툴로서, SSH와 Telnet을 조금 더 손쉽게 사용하게 해주는 프로그램입니다. 최소 1세션부터 500,000세션까지 열 수 있게 해주며 주로 한 윈도우에 모든 창을 띄워 놓고 탭으로 사용하게 됩니다. SecureCRT는 유료 프로그램으로서, 라이선스 하나당 1년 업데이트를 기준으로 99달러, 한국 돈으로 약 11만 원 정도 합니다. 하지만 요번 장에서는 30일 체험판 버전으로 사용해 보도록 하겠습니다. 밑의 링크로 접속하셔서 윈도우 32비트와 64비트 중 해당하시는 버전으로 SecureCRT 7.0을 다운로드 하시면 됩니다.

http://www.vandyke.com/download/securecrt/download.html

회원 가입이 번거로우신 분들은, 다이나밉스를 다운하였던 저자의 블로그에서 SecureCRT를 다운하시면 됩니다.

설치는 앞서 다이나밉스와 동일하게 설치해주시면 됩니다. 설치를 마치고 나면, 해당과 같이

아이콘이 바탕화면에 생성되게 됩니다. 더블 클릭하셔 실행하시게 되면,

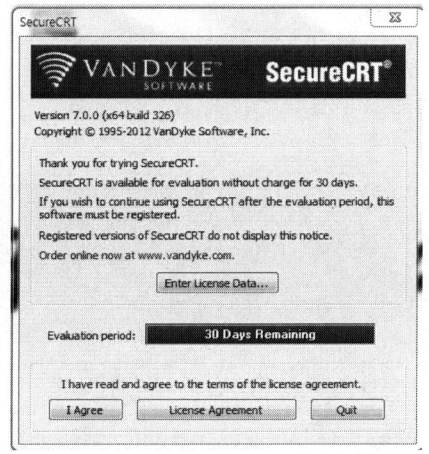

해당과 같은 라이선스 관련 창이 나오게 됩니다. 여기서 우리는 밑의 I Agree 버튼을 클릭해 주시고 실행해 주시면 됩니다. 창 중간에 나오는 Evaluation period 는 체험판 사용 기간이 며칠 남았는지 알려주는 창입니다.

SecureCRT를 실행하게 되면,

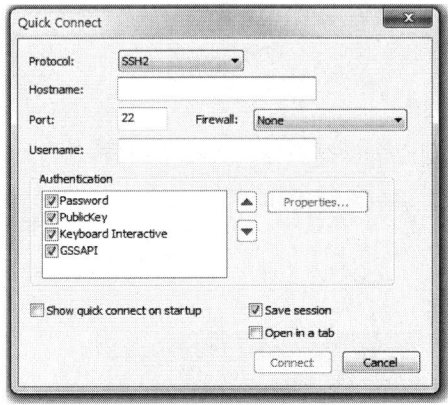

해당과 같은 작은 창이 하나 나오게 됩니다. 해당 창에서는 프로토콜 타입과, 텔넷을 연결할 주소 및 포트를 지정해 줍니다. 그럼 이제 R1을 한번 연결해 보도록 하겠습니다.

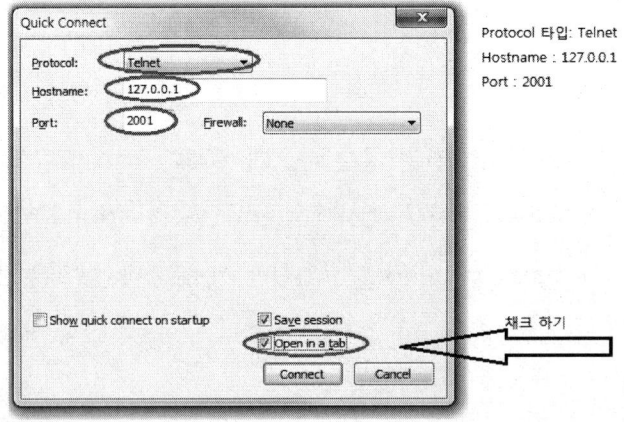

위처럼 동그라미 안에 들어있는 것만 동일하게 설정해 주시면 됩니다.

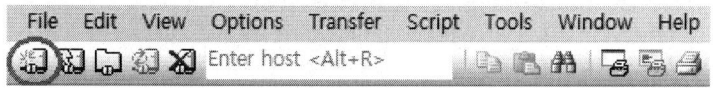

콘솔 창을 실행 후, 위쪽 메뉴바의 가장 왼쪽의 동그라미 친 아이콘을 클릭하시게 되면,

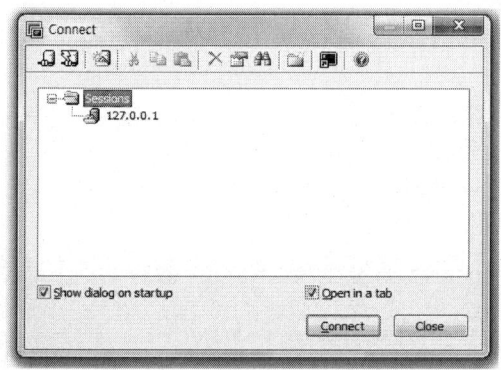

해당과 같은 작은 창이 하나 뜹니다.

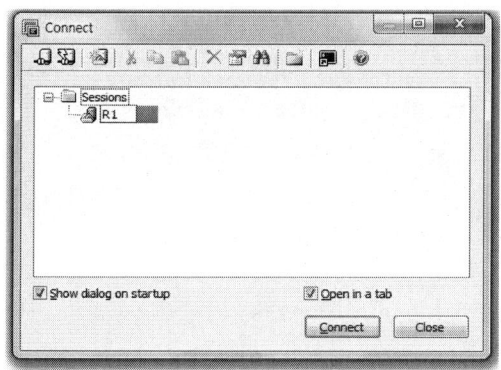

그 후 127.0.0.1을 한번 클릭하시고 오른쪽 클릭에서 Rename 을 클릭

해 주셔서 R1으로 해당 콘솔 명칭을 변경해 줍니다. 해당과 같은 작업을 반복하셔서 R1-R3과 SW1까지 한 섹션에 넣어주시기 바랍니다.

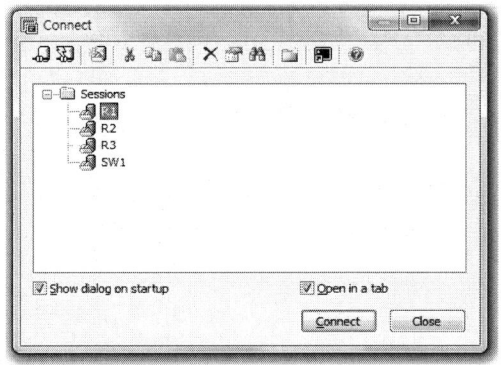

해당 그림과 같이 한 섹션 안에 모든 장비에 대한 콘솔을 설정하셨다면 이제 폰트를 바꿔보도록 하겠습니다.

R1을 오른쪽으로 클릭하신 후, Properties에 들어가셔서 왼쪽 중간에 Appearance라는 메뉴를 클릭하여 줍니다.

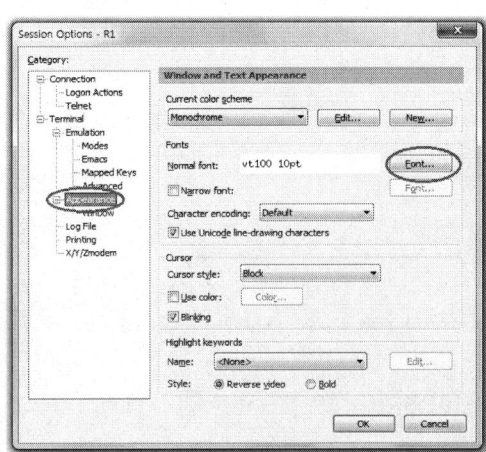

그 후, Font라는 버튼을 클릭하시게 되면, 글자 크기를 지정하실 수 있습니다. 글자는 보통 15pt 에서 20pt 정도로 사용합니다. 주의하셔야 될 것은 세션의 가장 먼저 위치한 라우터, 해당의 경우에는 R1 에서 지정해 주셔야만 하위 창에서도 적용이 됩니다. 가끔 다른 창에서 적용하여도 되는 경우가 있지만, 그럴 경우, 재접속 시 폰트를 다시 지정해 주셔야 합니다.

6-5
9routers 넷파일 구성해 보기

앞 장에서의 내용을 차례대로 따라 오셨다면 이제 모든 프로그램과 작업 창을 닫으셔도 좋습니다. 요번 장에서는 한번 9대의 라우터와 4대의 스위치가 있는 랩을 한번 같이 구성해 보도록 하겠습니다. 랩을 만드실 때에는 가장 먼저 기획안(?)을 작성하는 것이 좋습니다. 어떤 라우터가 어떤 스위치의 포트에 연결될 것인지, 또한 어떤 DLCI값을 사용할 것인지 모든 정보를 사전에 작성 후 랩을 구축하신 것이 가장 현명한 방법입니다.

가장 먼저 하셔야 될 것은 라우터 수와, 스위치 수를 결정하는 것입니다. 해당 예제에서는 9대의 라우터와, 4대의 스위치가 사용될 것입니다. 다음 단계는 각 라우터와 스위치의 모델을 선정하는 것입니다. 다이나밉스에서는 라우터 IOS만 지원되니 라우터 c3660 모델 9 대와, c3660모델에 NM-16ESW 모듈을 꽂은 모델 4대를 사용할 것입니다. 여기서 NW-16ESW는 16포트 짜리 이더넷 스위치를 줄여놓은 모듈명입니다. 그럼 이제 한번 물리적인 각 라우터와 해당 포트에 매치되는 값을 작성해 보도록 하겠습니다.

라우터	포트 번호	스위치	포트 번호
R1	F0/0	SW1	F1/1

위와 같이 라우터의 포트와 스위치를 매치되게 작성해 주시면 됩니다. 통상 의례적으로 라우터의 패스트이더넷 포트 0/0 (F0/0)은 스위치1과 F0/1은 스위치 2와 연결되며 스위치에서 F1/x는 라우터와 연결되는데, x는 라우터의 번호로 많이들 사용합니다. 그럼 이 규칙을 기억하시고 표를 작성해 보시면,

라우터	포트 번호	스위치	포트 번호
R1	F0/0	SW1	F1/1
R1	F0/1	SW2	F1/1
R2	F0/0	SW1	F1/2
R2	F0/1	SW2	F1/2
R3	F0/0	SW1	F1/3
R3	F0/1	SW2	F1/3
R4	F0/0	SW1	F1/4
R4	F0/1	SW2	F1/4
R5	F0/0	SW1	F1/5
R5	F0/1	SW2	F1/5
R6	F0/0	SW1	F1/6
R6	F0/1	SW2	F1/6
R7	F0/0	SW1	F1/7
R7	F0/1	SW2	F1/7
R8	F0/0	SW1	F1/8
R8	F0/1	SW2	F1/8
R9	F0/0	SW1	F1/9
R9	F0/1	SW2	F1/9

해당과 같이 물리적인 포트의 대체적인 큰 그림이 나오게 됩니다. 그럼 이제 각 라우터의 시리얼 포트의 통신을 위해서 프레임릴레이 스위치에 대한 맵핑을 해봅시다. 프레임릴레이 스위치의 값은 DLCI 라는 값으로 통상,

> 해당 슬롯:해당슬롯의 DLCI 값 = 상대 슬롯:상대 슬롯의 DLCI 값
> 해당 슬롯:해당슬롯의 DLCI 값 = 상대 슬롯:상대 슬롯의 DLCI 값

과 같은 구조를 가지고 있습니다. 다시 말해서 FR 스위치의 1번 포트에 102 라는 DLCI 값으로 인캡슐레이션된 패킷이 들어오면, 2번 포트로 맵핑시키게 만들게 됩니다.

만약 5번 라우터의 Serial 0번에서 들어온 값을 8번 라우터의 serial 0으로 맵핑시킨다면 어떻게 해야 될까요?

5:508 = 8:805

으로 만드시면 됩니다. 주로 다이나밉스에서는 X0X는 Serial 0번 포트, X1X는 Serial 1번 포트로 정의를 합니다. 그럼 이제 프레임릴레이에 대한 맵핑을 차트로 만들어 보도록 하겠습니다.

해당 라우터	DLCI 값	상대 라우터	DLCI 값	해당 라우터	DLCI 값	상대 라우터	DLCI 값
R1	102	R2	201	R3	307	R7	703
R1	103	R3	301	R3	308	R8	803
R1	104	R4	401	R3	309	R9	903
R1	105	R5	501	R4	405	R5	504
R1	106	R6	601	R4	406	R6	604
R1	107	R7	701	R4	407	R7	704
R1	108	R8	801	R4	408	R8	804
R1	109	R9	901	R4	409	R9	904
R2	203	R3	302	R5	506	R6	605
R2	204	R4	402	R5	507	R7	705
R2	205	R5	502	R5	508	R8	805
R2	206	R6	602	R5	509	R9	905
R2	207	R7	702	R6	607	R7	706
R2	208	R8	802	R6	608	R8	806
R2	209	R9	902	R6	609	R9	906
R3	304	R4	403	R7	708	R8	807
R3	305	R5	503	R7	709	R9	907
R3	306	R6	603	R8	809	R9	908

해당과 같이 각 라우터의 시리얼 포트 0 에 대한 DLCI 값의 맵핑을 만들어 볼 수 있습니다. 그럼 시리얼 포트 1에 대한 DLCI 값은 어떻게 만들까요? X1X으로 똑같이 만들어 주시면 됩니다. 이제 스위치 포트에 대한 맵핑을 해보도록 하겠습니다. 스위치 맵핑은 특별한 규칙은 없지만, 해당 예제에서는 SW1을 기준으로 숫자가 낮으면 11/12, 높으면 13/14, 가로 지르면 15/16 포트를 할당하는 방식을 사용하였습니다.

스위치	포트 번호	스위치	포트 번호
SW1	F1/11	SW2	F1/11
SW1	F1/12	SW2	F1/12
SW1	F1/13	SW3	F1/13
SW1	F1/14	SW3	F1/14
SW1	F1/15	SW4	F1/15
SW1	F1/16	SW4	F1/16
SW2	F1/15	SW3	F1/15
SW2	F1/16	SW3	F1/16
SW2	F1/13	SW4	F1/13
SW2	F1/14	SW4	F1/14
SW3	F1/11	SW4	F1/11
SW3	F1/12	SW4	F1/12

해당 표와 같이 스위치 맵핑을 만들어 볼 수 있습니다. 시리얼 포트 X1X to X0X과 X1X to X1X, 그리고 페스트 이더넷 포트에 대한 맵핑은 부록에 실려 있습니다.

이제 한번 해당 랩에 대한 물리적 구성도를 그림으로 직접 그려보도록 하겠습니다.

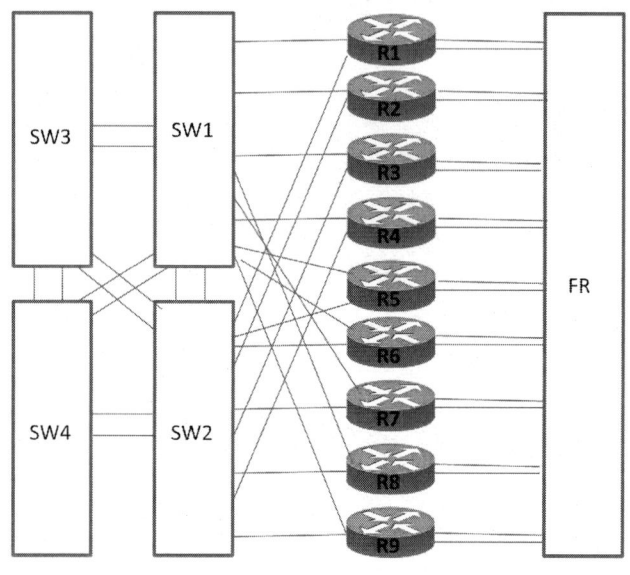

각 라우터의 포트와 스위치의 포트는 앞장의 표에 정의되어 있으므로 그림에는 추가 하지 않았습니다. 이러한 물리적 구성도를 미리 짜놓으실 경우 나중에 문제가 되는 부분이 있을 시 보수가 쉽고 트렁크나 STP 등 다양한 기능을 구현하기 전 대략적인 구성을 가상으로 구현해 보실 수도 있습니다. 〈앞장의 포트 맵핑, DLCI값 맵핑, 구성도는 블로그에서 "9routers_4switches" 압축파일로 받아보실 수 있습니다. 또는 부록의 마지막 장에 서술되어 있습니다.〉

그럼 이제 한번, 넷파일을 집적 구성해 보도록 하겠습니다. 넷파일은 메모장에 작성해 주시면 됩니다. 가장 먼저 넷파일에서 시작해야 될 부분은 모델의 정의입니다

```
model = 3660
ghostios = true
sparsemem = true
autostart = false
```

모델과, ghostios 설정, sparesmen 설정, autostart 설정을 해주시면 됩니다. 그 후

```
[localhost]
workingdir = d:\dynamips\dynagen\9routers_4switches
```

localhost 에서 워킹디렉토리를 정의해 주시면 됩니다. 워킹디렉토리를 정의해주셨다면, 이제 해당 워킹디렉토리를 지정해주신 위치에 생성해 주셔야 합니다.

해당과 같은 폴더까지 생성하셨다면 이제 위에 정의한 라우터 모델의 이미지 위치와 가상 램 사이즈를 지정해 주시면 됩니다.

```
[[3660]]
image = d:\dynamips\images\c3660-jk9o3s-mz.123-26.image.bin
ram = 128
```

위에서 정의한 모델은 3660 모델이기에 [[3660]]의 서브 정의를 만

들어 주었고 3600 모델의 IOS가 있는 위치를 지정하여 주었습니다. 가상 램 사이즈는 가장 많이 쓰이는 128 M를 지정하여 주었습니다. 그럼 이제 본격적으로 라우터와 스위치의 물리적 구성도를 작성해 봅시다. 통상적으로는 넷파일에서 라우터를 먼저 정의한 후, 스위치를 정의해 줍니다. 그럼 r부터 시작해 봅시다. 라우터 1에서 구성해 주어야 할 것은, 콘솔 접속번호, 각각의 패스트이더넷(Fastethernet)에 매치되는 스위치의 포트, 각각의 시리얼 포트에 매치되는 프레임릴레이 포트입니다. 포트 번호는 앞장에서 작성해놓은 맵핑을 참고하고 콘솔 접속번호는 통상적으로 라우터는 200X, 스위치는 300를 사용합니다. 이걸 참고하시고 작성해 보시면,

```
[[ROUTER r1]]
    console = 2001
    F0/0 = sw1 F1/1
    F0/1 = sw2 F1/1
    s1/0 = fr1 1
    s1/1 = fr1 11
```

위와 같은 정의가 나오게 됩니다. fr1은 1번 프레임 릴레이를 뜻하며 1은 fr의 1번 포트, 11은 fr의 11번 포트를 뜻하게 됩니다. 이런 정의를 잘 기억하시고 라우터 2부터 라우터 9까지 정의해 보시면,

[[ROUTER r2]]
    console = 2002
    F0/0 = sw1 F1/2
    F0/1 = sw2 F1/2
    s1/0 = fr1 2
    s1/1 = fr1 12

[[ROUTER r3]]
    console = 2003
    F0/0 = sw1 F1/3
    F0/1 = sw2 F1/3
    s1/0 = fr1 3
    s1/1 = fr1 13

[[ROUTER r4]]
    console = 2004
    F0/0 = sw1 F1/4
    F0/1 = sw2 F1/4
    s1/0 = fr1 4
    s1/1 = fr1 14

[[ROUTER r5]]
    console = 2005
    F0/0 = sw1 F1/5
    F0/1 = sw2 F1/5
    s1/0 = fr1 5
    s1/1 = fr1 15

[[ROUTER r6]]
> console = 2006
> F0/0 = sw1 F1/6
> F0/1 = sw2 F1/6
> s1/0 = fr1 6
> s1/1 = fr1 16

[[ROUTER r7]]
> console = 2007
> F0/0 = sw1 F1/7
> F0/1 = sw2 F1/7
> s1/0 = fr1 7
> s1/1 = fr1 17

[[ROUTER r8]]
> console = 2008
> F0/0 = sw1 F1/8
> F0/1 = sw2 F1/8
> s1/0 = fr1 8
> s1/1 = fr1 18

[[ROUTER r9]]
> console = 2009
> F0/0 = sw1 F1/9
> F0/1 = sw2 F1/9
> s1/0 = fr1 9
> s1/1 = fr1 19

해당과 같은 설정이 나오게 됩니다. 여담이지만, 가끔 어떤 분들은 "라우터 10부터는 어떻게 해야 되나요?"라고 질문하시는데, 라우터 10부터도 똑같이 콘솔 2010으로 정의해 주시고 fr1 10으로 정의해 주시면 됩니다. 그럼 이제 한번 스위치를 정의해 보도록 하겠습니다. 스위치는 콘솔번호, 모듈(또는 슬롯), F1/X에 매칭되는 상대 포트를 정의해 주시면 됩니다. sw1를 정의해 보자면,

            [[ROUTER sw1]]
                    console = 3001
                    slot1 = NM-16ESW
                    F1/10 = sw2 F1/10
                    F1/11 = sw2 F1/11
                    F1/12 = sw3 F1/12
                    F1/13 = sw3 F1/13
                    F1/14 = sw4 F1/14
                    F1/15 = sw4 F1/15

위와 같이 정의하실 수 있겠습니다. 여기서 주의하셔야 될 것은, 슬롯1에서 16포트 짜리 모듈을 장착해 주시고 24포트까지 작성해 주시면 오류가 발생하게 됩니다. 현재 다이나밉스에서는 스위치 슬롯은 16포트까지 사용할 수 있으며, 3660 시리즈의 슬롯의 종류는 다음과 같습니다.

NM-1E (Ethernet, 1 port)
NM-4E (Ethernet, 4 ports)

NM-1FE-TX (FastEthernet, 1 port)

NM-16ESW (Ethernet switch module, 16 ports) -> 주로 사용되는 스위치 슬롯

NM-4T (Serial, 4 ports)

〈다른 라우터의 포트 내용은http://dynagen.org/tutorial.htm#_Toc193248012에서 참고하실 수 있습니다〉

이제 sw1처럼 sw2부터 sw4까지 정의하여 보도록 하겠습니다. 주의하셔야 될 것은, 앞에서 정의한 매칭 포트를 뒤에서 다른 스위치의 영역에서 중복 정의하여 주실 필요는 없습니다. 가령 SW1의 F1/10 포트를 SW2의 F1/10 과 매칭시키셨다면, SW2에서는 SW3의 매칭 포트만 정의하여 주시면 됩니다. 그럼 결과적으로 마지막 스위치는 콘솔 접속번호와 slot1 = 정의만 나오게 됩니다.

```
[[ROUTER sw2]]
    console = 3002
    slot1 = NM-16ESW
    F1/14 = sw3 F1/14
    F1/15 = sw3 F1/15
    F1/12 = sw4 F1/12
    F1/13 = sw4 F1/13

[[ROUTER sw3]]
    console = 3003
    slot1 = NM-16ESW
    F1/10 = sw4 F1/10
    F1/11 = sw4 F1/11
```

[[ROUTER sw4]]
  console = 3004
  slot1 = NM-16ESW

이제 라우터부터 스위치까지 정의하였으니 마지막 물리적인 접속인 프레임 릴레이를 정의해 보도록 하겠습니다.

[[FRSW fr1]]
  # R1 S1/0 to Rx S1/0
  1:102 = 2:201
  1:103 = 3:301
  1:104 = 4:401
  1:105 = 5:501
  1:106 = 6:601
  1:107 = 7:701
  1:108 = 8:801
  1:109 = 9:901

이렇게 [[FRSW fr1]]을 정의해준 후, 밑에 각 DLCI 값이 사용되는 포트와 상대 포트의 대한 간단한 노트를 해주시면 나중에 수정하기 쉽습니다. 프로그래밍에서 //로 노트를 만든다면 다이나밉스에서는 #로 노트를 만드실 수 있습니다. 그럼 이제 라우터1부터 라우터9까지의 FR을 정의해 보도록 하겠습니다.

R1 S1/1 to Rx S1/0

1:112 = 12:201

1:113 = 13:301

1:114 = 14:401

1:115 = 15:501

1:116 = 16:601

1:117 = 17:701

1:118 = 18:801

1:119 = 19:901

R2 S1/0 to Rx S1/0

2:203 = 3:302

2:204 = 4:402

2:205 = 5:502

2:206 = 6:602

2:207 = 7:702

2:208 = 8:802

2:209 = 9:902

R2 S1/1 to Rx S1/0

2:213 = 13:302

2:214 = 14:402

2:215 = 15:502

2:216 = 16:602

2:217 = 17:702

2:218 = 18:802

2:219 = 19:902

R3 S1/0 to Rx S1/0

3:304 = 4:403

3:305 = 5:503

3:306 = 6:603

3:307 = 7:703

3:308 = 8:803

3:309 = 9:903

R3 S1/1 to Rx S1/0

3:314 = 14:403

3:315 = 15:503

3:316 = 16:603

3:317 = 17:703

3:318 = 18:803

3:319 = 19:903

R4 S1/0 to Rx S1/0

4:405 = 5:504

4:406 = 6:604

4:407 = 7:704

4:408 = 8:804

4:409 = 9:904

R4 S1/1 to Rx S1/0

4:415 = 15:504

4:416 = 16:604

4:417 = 17:704

4:418 = 18:804

4:419 = 19:904

R5 S1/0 to Rx S1/0

5:506 = 6:605

5:507 = 7:705

5:508 = 8:805

5:509 = 9:905

R5 S1/1 to Rx S1/0

5:516 = 16:605

5:517 = 17:705

5:518 = 18:805

5:519 = 19:905

R6 S1/0 to Rx S1/0

6:607 = 7:706

6:608 = 8:806

6:609 = 9:906

R6 S1/1 to Rx S1/0

6:617 = 17:706

6:618 = 18:806

6:619 = 19:906

R7 S1/0 to Rx S1/0

7:708 = 8:807

7:709 = 9:907

R7 S1/1 to Rx S1/0

7:718 = 18:807

7:719 = 19:907

R8 S1/0 to Rx S1/0

8:809 = 9:908

R8 S1/1 to Rx S1/0

8:819 = 19:908

R1 S1/1 to Rx S1/1

11:112 = 12:211

11:113 = 13:311

11:114 = 14:411

11:115 = 15:511

11:116 = 16:611

11:117 = 17:711

11:118 = 18:811

11:119 = 19:911

R2 S1/1 to Rx S1/1

12:213 = 13:312

12:214 = 14:412

12:215 = 15:512

12:216 = 16:612

12:217 = 17:712

12:218 = 18:812

12:219 = 19:912

R3 S1/1 to Rx S1/1

13:314 = 14:413

13:315 = 15:513

13:316 = 16:613
13:317 = 17:713
13:318 = 18:813
13:319 = 19:913

R4 S1/1 to Rx S1/1
14:415 = 15:514
14:416 = 16:614
14:417 = 17:714
14:418 = 18:814
14:419 = 19:914

R5 S1/1 to Rx S1/1
15:516 = 16:615
15:517 = 17:715
15:518 = 18:815
15:519 = 19:915

R6 S1/1 to Rx S1/1
16:617 = 17:716
16:618 = 18:816
16:619 = 19:916

R7 S1/1 to Rx S1/1
17:718 = 18:817
17:719 = 19:917
R8 S1/1 to Rx S1/1
18:819 = 9:918

위와 같이 정의를 해주시면 됩니다. 위의 예제를 다 작성해 주셨다면,

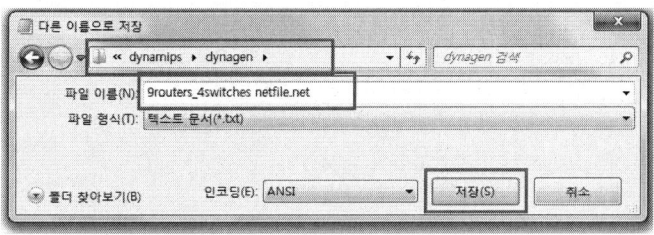

9routers_4switches.net 으로 다른 이름으로 저장하기에서 dynagen 폴더에 저장하여 주시면,

9routers_4switches

다이나젠 폴더에 해당과 같은 아이콘이 생성된걸 확인하실 수 있습니다. 앞 페이지에서 하셨던 것처럼 다이나밉스 서버를 실행하시고, idlepc를 잡아주시면, 이제 하나의 랩을 구축하신 것입니다.

****앞의 예제와 같이 start /all 명령어로 실행이 안 되시는 분들은, start r1을 하신 후 idlepc 를 잡아주시고 start r2부터 start sw4까지 차례대로 실행하시면 됩니다.

혹시 9routers_4switches 의 예제에서 오류가 발생하시는 분은 저자의 네이버 블로그에서 9routers_4switches.zip 를 다운하신 후, 넷파일을 확인해 보시기 바랍니다.

223

이제 다이나밉스 넷파일 구성 방법의 차례를 정리해 보겠습니다.

① 구성 하고자 하는 라우터와 스위치의 수를 정의한다.
② 장비의 물리적 구성을 토폴로지(topology)화 한다.
③ 각 장비의 포트와 매치 포트를 표로 작성한다.
④ 메모장에 넷파일의 첫 번째 파트를 구성한다.

model =

ghotios =

sparesmen =

autostart =

[localhost]

workingdir =

  [[3660]]
    image =
    ram = 128

⑤ 두 번째 파트인 스위치 또는 라우터를 구성한다.
  [[ROUTER r1]]
    console = 2001
    F0/0 =
    F0/1 =
    s1/0 =
    s1/1 =

[[ROUTER sw1]]

       console = 3001

       slot1 = NM-16ESW

       F1/0 =

       F1/1 =

⑥ 세 번째 파트인 프레임 릴레이 스위치를 구성한다.

   [[FRSW fr1]]

       # R1 S1/0 to Rx S1/0

       1:102 = 2:201

⑦ 최종적으로 점검 후, 넷파일을 원하는 위치에 넷파일.net 으로 저장한다.

⑧ 넷파일의 위치에 다시 넷파일_working 폴더를 만들어준다.

⑨ 다이나밉스 서버를 실행시키고, 넷파일을 실행하여 장비의 문제점이 있는지 최종적으로 확인한다.

이제 여기까지가 3routers 예제 준비와 9routers_4switches 구성으로 넷파일 구성까지 알아보기였습니다. 지금까지 모든 내용은 블로그에서 압축 파일로 확인이 가능합니다.

그럼 이제 한번 직접 넷파일을 구성해 보시기 바랍니다. 넷파일은 14개의 라우터와 6개의 스위치로 이루어진 넷파일로 14routers 로 만드시면 됩니다. 물리적 구성도는 다음과 같습니다.

CHAPTER 6 다이나밉스 준비

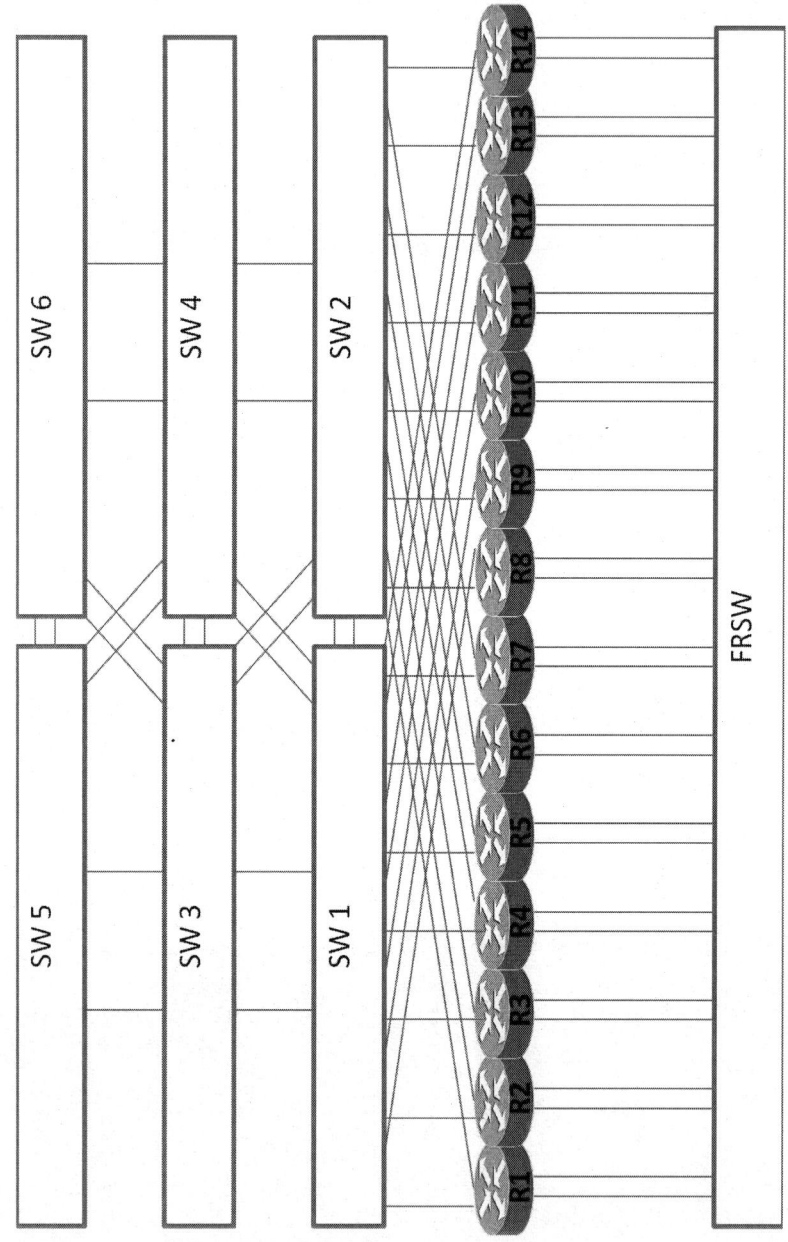

라우터, 라우터, 스위치, 프레임릴레이의 물리적 구성도이며 모든 포트는 트렁크와 이중성을 위해서 각 장비 당 2개의 케이블로 커넥트 되어 있습니다.

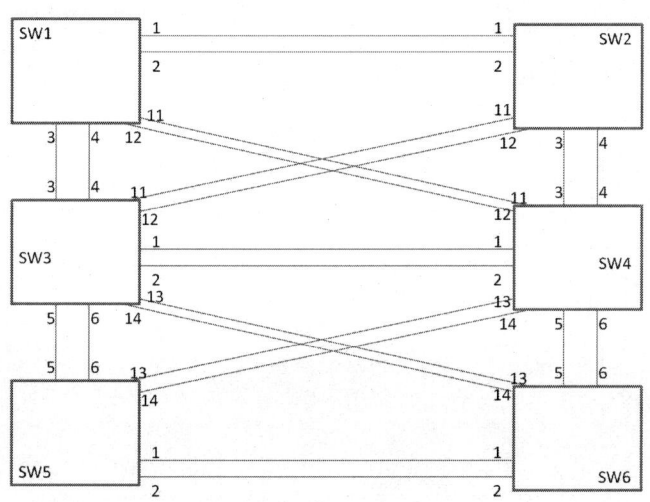

스위치의 물리적 구성도입니다.
프레임 릴레이의 DLCI 값의 경우

    X:XX0YY = Y:YY0XX
    ex) R1-> R12
    1:1012 = 12:12001

로 설정해 주시면 됩니다. 중간에 0 은 S0/0을 1은 S1/0을 뜻하며, 01의 경우는 1로 인식되기 때문에 처음부터 1로 사용하였습니다.

14routers 넷파일은 블로그에서 14routers.zip 로 확인하실 수 있으

시며, 무조건 넷파일부터 보지 마시고, 앞 페이지에서 봤던 스탭을 기억하시고 한번 스스로 구성해 보시기 바랍니다.

해당 예제를 시도해 보시고, 다음 챕터에서는 3routers 예제로 드디어 한번 실습해 보도록 하겠습니다. 14 routers 넷파일의 성공적인 구축을 기원합니다.

Chapter 7

다이나밉스 3routers 실습

앞챕터에서는 라우터의 가장 기본적인 모드 진입 방법을 알아봤으니, 이제 한번 간단한 설정을 해보고 테스트를 해보겠습니다. 현재 설정된 3routers의 넷파일의 물리적 구성도는 다음과 같습니다.

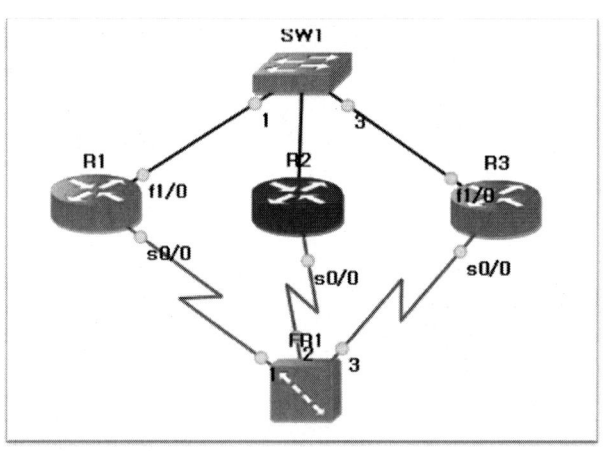

이제 Dynamips Server를 실행시켜 주시고, 3routers.net을 실행시켜주시기 바랍니다. 그 후, SecureCRT로 R1, R2, R3, SW1의 콘솔에 접속하여 주시기 바랍니다.

다이나밉스가 제대로 작동되고 CRT에서 정상적으로 접속이 되었다면,

R1 | R2 | R3 | SW1 x

왼쪽 상단의 창에서 다음과 같은 4개의 창을 확인하실 수 있습니다. 창간의 이동은 인터넷 브라우저와 동일하게 Ctrl + Tab으로 이

동 가능하며, 뒤창으로 돌아가시려면 Ctrl + Tab + Shift로 돌아가시면 됩니다.

3routers의 물리적 구성도는, R1-3의 FastEthernet은 스위치와, Serial은 프레임 릴레이와 연결되어 있습니다. 이제 한번 각각의 물리적 구성을 콘솔에서 살펴 보겠습니다. R1에 접속하셔서 명령어 show ip interface brief를 쳐주시기 바랍니다.

```
R1#show ip interface brief
Interface              IP-Address      OK? Method Status                Protocol
FastEthernet0/0        unassigned      YES unset  administratively down down
FastEthernet0/1        unassigned      YES unset  administratively down down
Serial1/0              unassigned      YES unset  administratively down down
Serial1/1              unassigned      YES unset  administratively down down
Serial1/2              unassigned      YES unset  administratively down down
Serial1/3              unassigned      YES unset  administratively down down
```

보통 "인터페이스를 확인하라" 하면 다음과 같은 결과값을 보며, IP 주소가 할당되었는지, Status에서 인터페이스가 다운되어 있는지, Protocol은 잘 돌고 있는지 등을 확인하란 뜻입니다. 포트를 열어서 시작하기 앞서, 앞 장에서 봤던 자원 아끼기(?) 작업을 해보겠습니다. 자동 로그아웃 기능과 잘못된 도메인은 찾지 않는 기능입니다.

> R1#**configure terminal**
> Enter configuration commands, one per line. End with CNTL/Z.
> R1(config)#**no ip domain lookup**
> R1(config)#**line console 0**
> R1(config-line)#**logging synchronous**
> R1(config-line)#**exec-timeout 0**

나머지 R2, R3, SW1에서도 동일하게 명령어를 실행해 주시기 바랍니다.

```
R2#configure terminal
Enter configuration commands, one per line.  End with CNTL/Z.
R2(config)#no ip domain lookup
R2(config)#line console 0
R2(config-line)#logging synchronous
R2(config-line)#exec-timeout 0
```

```
R3#configure terminal
Enter configuration commands, one per line.  End with CNTL/Z.
R3(config)#no ip domain lookup
R3(config)#line console 0
R3(config-line)#logging synchronous
R3(config-line)#exec-timeout 0
```

```
SW1#configure terminal
Enter configuration commands, one per line.  End with CNTL/Z.
SW1(config)#no ip domain lookup
SW1(config)#line console 0
SW1(config-line)#logging synchronous
SW1(config-line)#exec-timeout 0
```

나중에 다시 초기 설정을 하기 번거로우니 이제 NVRAM에 저장해 보도록 하겠습니다. 라우터에서는 크게 Ram과 NVRam에 설정을 저장합니다. Ram은 컴퓨터의 램과 같이 휘발성 메모리로서, 재부팅 시 모든 설정이 지워집니다

반면 NVRam은 하드디스크와 같은 역할로서 한번 저장되면 재부팅이 되어도 지워지지 않습니다. 하지만, NVRam도 메모리의 일종이기 때문에 주로 설정은 메모장 파일로 따로 관리합니다. 이제 한번 NVRam에 기본 설정을 저장해 보도록 합시다. 명령어는 copy running-config startup-config입니다.

```
R1#copy running-config startup-config
Destination filename [startup-config]?
Building configuration...
[OK]
```

R1에서 해주셨던 것처럼 R2, R3, SW1도 copy running-config startup-config 명령어로 NVRam에 저장해 주시면 다음에 다이나밉스를 종료한 후 재시작하여도 그 전의 명령어가 모두 저장되어 있습니다.

7-1 라우터 기본 설정

이제부터 시작할 3routers 예제에서는 다음과 같은 토폴로지를 사용할 것입니다. 다른 프로토콜 설정에 앞서 기본적인 라우터 설정을 해봅시다.

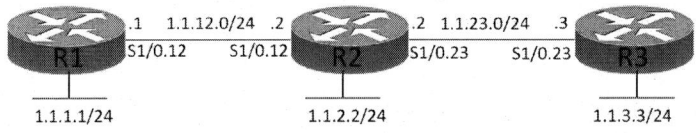

일단 R1콘솔창을 열어 주시기 바랍니다. 그럼 이제 config모드에서 인터페이스로 진입하여 FR을 설정해보도록 합시다.

```
R1(config)#int s 1/0
R1(config)#no shut
R1(config-if)#encapsulation frame-relay
R1(config-if)#no frame-relay inverse-arp
```

▶ int s X/X : 원하는 인터페이스에 접속이 가능합니다. 다만 앞에서 봤던 show ip interface brief명령어로 물리적인 인터페이스를 먼저 확인하신 후 접속하셔야 합니다.

▶ encapsulation frame-relay : 해당 인터페이스에서 Frame-relay를 사용하여 구성 하겠노라(!), 라고 정의하여 주는 것입니다. FR사용 시 필수입니다.

▶ no frame-relay inverse-arp : 다음 홉 IP로 자동 맵핑시키는 기능을 중지합니다.

▶ clock rate 64000 : 논리적 클락 동작을 설정합니다.

이제 FR 사용을 위한 준비도 다 했으니 한번 인터페이스에 주소를 할당해 보고 논리적 인터페이스도 만들어 봅시다.

```
R1(config-if)#int s 1/0.12 point-to-point
R1(config-if)#ip add 1.1.12.1 255.255.255.0
R1(config-if)#frame-relay interface-dlci 102
R1(config-if)#exit
R1(config)#int loopback 0
R1(config-if)#ip add 1.1.1.1 255.255.255.0
```

▶ int s X/X.Y point-to-point : int s X/X에 대해 .Y의 서브 인터페이스를 추가합니다. 해당 경우는 PTP로 연결되어 1:1 방식의 연결입니다.

▶ ip add (IP 주소) (서브넷 마스크) : 해당 인터페이스에 IP주소를 추가합니다. 해당의 경우 1.1.12.1에 대하여 1.1.12.0/24 네트워크에 포함되므로 서브넷 또한 24비트에 해당하는 255.255.255.0으로 정의해 주었습니다.

▶ frame-relay interface-dlci (DLCI 값) : 해당 인터페이스에서 원하는 목적지까지의 DLCI 값을 정의하는 명령어입니다. DLCI값은 FR 스위치에서 정의하나, 다이나밉스에서는 미리 넷파일에 정의해놓고

위와 같이 원하는 인터페이스에서 값을 활성화시켜주기만 하면 됩니다.

▶ int loopback 0 : 앞서 시리얼 1/0을 생성할 때와 마찬가지로 논리적 인터페이스인 루프백을 생성할 때는 이름만 바꿔주시면 됩니다. 루프백은 0부터 2147483647 번까지 생성 가능하며 때에 따라 맞춰 쓰면 됩니다.

마찬가지로 R2와 R3의 설정도 잡아주도록 합시다.

```
R2(config)#int s 1/0
R2(config-if)#no shut
R2(config-if)#encapsulation frame-relay
R2(config-if)# no frame-relay inverse-arp
R2(config)#int s 1/0.12 point-to-point
R2(config-subif)#ip add 1.1.12.2 255.255.255.0
R2(config-subif)#frame interface-dlci 201
R2(config-subif)#int s 1/0.23 point-to-point
R2(config-subif)#ip add 1.1.23.2 255.255.255.0
R2(config-subif)# frame interface-dlci 203
R2(config-fr-dlci)#int lo 0
R2(config-if)#ip add 1.1.2.2 255.255.255.0

R3(config)#int s 1/0.23 point-to-point
R3(config-if)#no shut
R3(config-if)# encapsulation frame-relay
R3(config-if)#no frame-relay inverse-arp
R3(config-if)#ip add 1.1.23.3 255.255.255.0
R3(config-if)#frame interface-dlci 302
R3(config-if)#int lo 0
R3(config-if)#ip add 1.1.3.3 255.255.255.0
```

설정을 제대로 하였다면, R2에서 end 명령어로 유저 모드로 나간 후 show ip route 명령어로 한번 네트워크를 보도록 합시다.

```
R2(config-if)#end
R2#show ip route
Codes: C - connected, S - static, R - RIP, M - mobile, B - BGP
       D - EIGRP, EX - EIGRP external, O - OSPF, IA - OSPF inter area
       N1 - OSPF NSSA external type 1, N2 - OSPF NSSA external type 2
       E1 - OSPF external type 1, E2 - OSPF external type 2
       i - IS-IS, su - IS-IS summary, L1 - IS-IS level-1, L2 - IS-IS level-2
       ia - IS-IS inter area, * - candidate default, U - per-user static route
       o - ODR, P - periodic downloaded static route

Gateway of last resort is not set

   1.0.0.0/24 is subnetted, 3 subnets
C     1.1.2.0 is directly connected, Loopback0
C     1.1.12.0 is directly connected, Serial1/0.12
C     1.1.23.0 is directly connected, Serial1/0.23
```

위에서 보면, 각 코드가 네트워크 앞에 명시됩니다. 코드는 위의 한 자리 내지 두 자리의 알파벳으로 이루어진 마크로, 1.1.12.0 과 1.1.23.0의 경우 C(connected)로 표시되어 있음을 보실 수 있습니다. C는 커넥티드 자신의 인터페이스와 직접적으로 연결되어 있는 네트워크를 뜻합니다. 커넥티드 네트워크의 경우 넥스트홉(다음 종착지)까지는 통신이 됩니다. 그럼 한번 R2에서 1.1.12.1과 1.1.1.1을 각각 핑을 보내보도록 합시다.

```
R2#ping 1.1.12.1

Type escape sequence to abort.
Sending 5, 100-byte ICMP Echos to 1.1.12.1, timeout is 2 seconds:
!!!!!
Success rate is 100 percent (5/5), round-trip min/avg/max = 28/44/84 ms
R2#ping 1.1.1.1

Type escape sequence to abort.
Sending 5, 100-byte ICMP Echos to 1.1.1.1, timeout is 2 seconds:
.....
Success rate is 0 percent (0/5)
```

C네트워크로 표시되어 있는 1.1.12.1은 핑이 전달되는 방면, 1.1.1.1 은 1.1.2.0/24와는 다른 네트워크이기에 핑이 가질 않습니다. 이렇게 핑을 쳐보고 나면 모든 핑은 Frame-relay 구간을 거쳐 가기 때문에 Frame-relay 지도에 흔적이 남게 됩니다. R2에서 명령어 Show frame-relay map을 사용하여 한번 봐봅시다.

```
R2#show frame-relay map
Serial1/0 (up): ip 0.0.0.0 dlci 213(0xD5,0x3450)
        broadcast,
        CISCO, status defined, active
Serial1/0 (up): ip 0.0.0.0 dlci 203(0xCB,0x30B0)
        broadcast,
        CISCO, status defined, active
Serial1/0 (up): ip 0.0.0.0 dlci 201(0xC9,0x3090)
        broadcast,
        CISCO, status defined, active
Serial1/0.23 (up): point-to-point dlci, dlci 203(0xCB,0x30B0), broadcast
        status defined, active
Serial1/0.12 (up): point-to-point dlci, dlci 201(0xC9,0x3090), broadcast
        status defined, active
```

행여나 해당 과정에서 핑이 가질 않는다면 가장먼저 IP 주소를 체크하고, FR 구간의 DLCI 값과 마지막으로 FR의 DLCI 가 정상 작동 하는지 위와 같이 확인하면 됩니다. 그럼 우리가 지금까지 설정해 준 명령어는 어떻게 확인할까요? R2에서 명령어 show run을 쳐주시기 바랍니다.

```
R2#show run
Building configuration...
!
hostname R2
!
no ip domain lookup
!
interface Loopback0
 ip address 1.1.2.2 255.255.255.0
!
interface Serial1/0
 no ip address
 encapsulation frame-relay
 serial restart-delay 0
 clock rate 64000
 no frame-relay inverse-arp
!
interface Serial1/0.12 point-to-point
 ip address 1.1.12.2 255.255.255.0
 frame-relay interface-dlci 201
!
interface Serial1/0.23 point-to-point
 ip address 1.1.23.2 255.255.255.0
 frame-relay interface-dlci 203
!
line con 0
 exec-timeout 0 0
 logging synchronous
line aux 0
line vty 0 4
!
!
end
```

위의 회색으로 표시된 라인들이 지금까지 우리가 입력하여준 명령어입니다. 그럼 라우터 기본 설정은 이 정도로 끝내고 copy running-config startup-confg 명령어로 지금까지 R1~R3까지 설정해 준 내용을 저장하여 줍시다.

```
R1#copy running-config startup-config
Destination filename [startup-config]?
Building configuration...
[OK]

R2#copy running-config startup-config
Destination filename [startup-config]?
Building configuration...
[OK]

R3#copy running-config startup-config
Destination filename [startup-config]?
Building configuration...
[OK]
```

앞으로 각 섹션 별로 정적 및 프로토콜을 살펴볼 것입니다. 하지만 3routers의 기본적 세팅은 그대로 유지하시고 각 섹션 별로 설정해 보신 후, 다이나밉스를 종료하여 NVRam에 있는 기본 세팅을 유지하시면 됩니다.

7-2

Static Route(정적 경로) 설정

앞의 챕터 5에서 설명드린 정적 경로를 설정해 보도록 하겠습니다. 다시 짚고 가면 정적 라우팅이란,

경로 수집, 선출, 관리를 관리자가 직접 설정하는 라우팅

입니다. 우리가 미리 만들어놓은 3routers 토폴로지에서는 R1의 루프백과 R3의 루프백은 서로 양 끝단에서 통신이 불가능한 상태입니다. 간단히 R1과 R3에서 라우팅 테이블을 보면,

```
R1#show ip route

   1.0.0.0/24 is subnetted, 3 subnets
C     1.1.1.0 is directly connected, Loopback0
C     1.1.12.0 is directly connected, Serial1/0.12

R3#show ip route

   1.0.0.0/24 is subnetted, 2 subnets
C     1.1.3.0 is directly connected, Loopback0
C     1.1.23.0 is directly connected, Serial1/0.23
```

자신의 루프백이 포함되는 네트워크는 가지고 있지만 다른 루프백이 포함되는 네트워크는 가지고 있지 않는 것을 확인하실 수 있습니다. 이런 경우 정적 경로를 사용하여 R1의 루프백과 R3의 루프백을 임의로 연결시킬 수 있습니다. 관리자가 특수한 목적으로 직접 설정해 주는 경로이기 때문에 목적지가 맞고 넥스트 홉이 맞으면 정적 경로를 통하여 통신이 가능합니다. Dynamic(동적)경로들과는 다르게 정적 경로의 경우 각 패킷이 거쳐가는 길을 일일이 정해줘야만 합니다. 가령 R1의 루프백에서 R3의 루프백까지 간다고 할 경우 커넥티드되어 있는 네트워크를 제외한 나머지 모든 네트워크의 경로를 정해줘야만 합니다.

R1의 입장에서는 R2로 가는 경로만 알 뿐 R3의 루프백인 1.1.3.3의 경로는 전혀 모릅니다. 그럼 한번 최소한 R3의 시리얼 인터페이스인 1.1.23.3까지 핑이 되게 만들어 봅시다. 명령어는 **ip route (목적지 네트워크) (목적지 서브넷 마스크) (넥스트홉 IP 주소)**입니다. 한번 R1에서 설정해 보도록 합시다.

```
R1(config)#ip route 1.1.23.0 255.255.255.0 1.1.12.2
R1#ping 1.1.23.3
Type escape sequence to abort.
Sending 5, 100-byte ICMP Echos to 1.1.23.3, timeout is 2 seconds:
..!!!
Success rate is 60 percent (3/5), round-trip min/avg/max = 44/54/72 ms
R1#ping 1.1.23.3
Type escape sequence to abort.
Sending 5, 100-byte ICMP Echos to 1.1.23.3, timeout is 2 seconds:
!!!!!
Success rate is 100 percent (5/5), round-trip min/avg/max = 8/29/72 ms

R3#debug ip icmp
ICMP packet debugging is on
*Mar  1 04:00:28.039: ICMP: echo reply sent, src 1.1.23.3, dst 1.1.12.1
*Mar  1 04:00:28.099: ICMP: echo reply sent, src 1.1.23.3, dst 1.1.12.1
*Mar  1 04:00:28.155: ICMP: echo reply sent, src 1.1.23.3, dst 1.1.12.1
```

이처럼 R1에서 R3의 1.1.23.3 부분까지는 핑이 되게 됩니다. 위의 음영표시 된 곳을 보시면 ..!!! 이렇게 되어 있습니다. ..이란 2개의 핑이 루스되었단 소리입니다. 즉, 맨 처음 라우팅 테이블에 올라와 있지 않는 상태라면 약간의 시간이 불규칙적으로 멀티캐스트로 목적지를 찾아내기 위해서 걸릴 수 있습니다.

R3에서 icmp를 디버깅 해보면 위와 같이 3개의 패킷에 대해서만 Reply(답장)을 해준 것을 확인하실 수 있습니다. 이제 한번 모든 네트워크를 정적 경로로 연결시켜 봅시다.

```
R1(config)#ip route 1.1.2.0 255.255.255.0 1.1.12.2
R1(config)#ip route 1.1.3.0 255.255.255.0 1.1.12.2

R2(config)#ip route 1.1.1.0 255.255.255.0 1.1.12.1
R2(config)#ip route 1.1.3.0 255.255.255.0 1.1.23.3

R3(config)#ip route 1.1.12.0 255.255.255.0 1.1.23.2
R3(config)#ip route 1.1.1.0 255.255.255.0 1.1.23.2
R3(config)#ip route 1.1.2.0 255.255.255.0 1.1.23.2
```

위와 같이 정적 경로를 서로 연결해준 후, 라우팅 테이블을 확인하게 되면, 다음과 같이 S가 붙은 정적 경로가 표시되어 있는 걸 보실 수 있습니다.

```
R3#show ip route
     1.0.0.0/24 is subnetted, 5 subnets
S       1.1.1.0 [1/0] via 1.1.23.2
S       1.1.2.0 [1/0] via 1.1.23.2
C       1.1.3.0 is directly connected, Loopback0
S       1.1.12.0 [1/0] via 1.1.23.2
C       1.1.23.0 is directly connected, Serial1/0.23
```

이제 한번 다시 R1에서 R3의 루프백 주소인 1.1.3.3으로 쏴보도록 합시다.

```
R1#ping 1.1.3.3

Type escape sequence to abort.
Sending 5, 100-byte ICMP Echos to 1.1.3.3, timeout is 2 seconds:
!!!!!
Success rate is 100 percent (5/5), round-trip min/avg/max = 4/21/44 ms
```

왈라~ 드디어 1.1.3.3으로 핑이 갑니다. 그럼 한번 R2에서 정적 경로 설정을 지워보고 똑같이 핑을 쳐봅시다.

```
R2(config)#no ip route 1.1.1.0 255.255.255.0 1.1.12.1
R2(config)#no ip route 1.1.3.0 255.255.255.0 1.1.23.3

R1#clear ip route *
R1#clear ip route *
R1#clear ip route *
R1#clear ip route *
R1#clear ip route *
R1#ping 1.1.3.3

Type escape sequence to abort.
Sending 5, 100-byte ICMP Echos to 1.1.3.3, timeout is 2 seconds:
U.U.U
Success rate is 0 percent (0/5)
```

(TT) 요번에는 핑이 안 갑니다. (UU) 마치 우는 모습처럼 핑이 안 가게 되네요. 그럼 여기서 우리는 하나의 중요한 발견을 합니다. (!) '**정적 경로는 출발지와 목적지뿐만 아니라 중간에 있는 모든 경로에 대해서도 수동으로 설정해 줘야만 한다**'입니다.

이제 정적 경로 설정도 알았으니 본격적으로 대표적인 동적 프로토콜인 EIGRP에 대해서도 알아 봅시다.

7-3 간단한 EIGRP 설정

EIGRP의 설정은 인터페이스 생성처럼 간단합니다. 다만 서브넷 마스크 대신 와일드 카드 마스크가 사용 됩니다. 와일드 카드 마스크는 서브넷 마스크의 0과 1을 바꾼 것으로서 요번 섹션에서는 정해 드리는 값으로 사용해 보시기 바랍니다. 그럼 다음과 같은 EIGRP AS123에 포함되는 네트워크를 구축하여 봅시다.

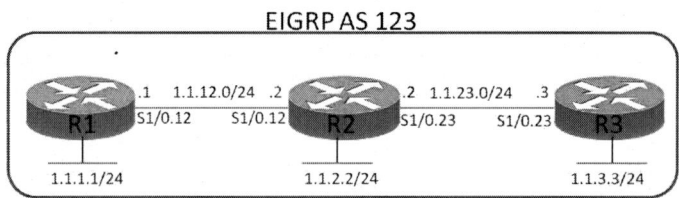

EIGRP 설정 명령어는 **router eigrp (AS 번호)**입니다. EIGRP 또한 앞서 정적 경로와 흡사하게 자신이 원하는 해당 네트워크를 선언해주어야만 합니다. 이 경우는 EIGRP 안에서 광고를 해줘야만 네이버 라우터에 알려줄 수 있습니다. 설정을 해보고 다시 살펴보도록 합시다.

```
R1(config)#router eigrp 123
R1(config-router)#eigrp router-id 1.1.1.1
R1(config-router)#network 1.1.1.0 0.0.0.255
R1(config-router)#network 1.1.12.0 0.0.0.255

R2(config)#router eigrp 123
R2(config-router)#eigrp router-id 1.1.2.2
R2(config-router)#network 1.1.2.0 0.0.0.255
R2(config-router)#network 1.1.12.0 0.0.0.255
R2(config-router)#network 1.1.23.0 0.0.0.255

R3(config)#router eigrp 123
R3(config-router)#eigrp router-id 1.1.3.3
R3(config-router)#network 1.1.3.3 0.0.0.255
R3(config-router)#network 1.1.23.0 0.0.0.255
```

▶ router eigrp(AS) : EIGRP의 Autonomous Systems(AS)를 설정합니다. AS내에서만 네이버 관계를 성립하게 됩니다.

▶ eigrp router-id(라우터 ID) : EIGRP 라우터 ID로서, 특별히 지정하지 않으면 루프백으로 지정됩니다.

이렇게 각 라우터에서 EIGRP를 구성하고 나면, 다음과 같은 메시지가 올라옵니다.

```
R1> *Mar  1 01:40:44.447: %DUAL-5-NBRCHANGE: IP-EIGRP(0) 123: Neighbor
1.1.12.2 (Serial1/0.12) is up: new adjacency
R2> *Mar  1 01:40:45.387: %DUAL-5-NBRCHANGE: IP-EIGRP(0) 123: Neighbor
1.1.12.1 (Serial1/0.12) is up: new adjacency
R2> *Mar  1 01:41:14.639: %DUAL-5-NBRCHANGE: IP-EIGRP(0) 123: Neighbor
1.1.23.3 (Serial1/0.23) is up: new adjacency

R3> *Mar  1 01:41:15.435: %DUAL-5-NBRCHANGE: IP-EIGRP(0) 123: Neighbor
1.1.23.2 (Serial1/0.23) is up: new adjacency
R3> *Mar  1 01:40:45.387: %DUAL-5-NBRCHANGE: IP-EIGRP(0) 123: Neighbor
1.1.12.1 (Serial1/0.12) is up: new adjacency
```

DUAL-5 NBR이 바뀌었다는 메시지와 함께 각 네이버 라우터와 네이버 성립을 하였다는 알림 메시지입니다. 다만, 여기서 한번 가장 마지막 줄인 1.1.12.1을 봐주시기 바랍니다. 1.1.12.1은 분명 R3에서는 볼 수 없는 네트워크인데 이상하게 올라와 있습니다. 이상하지 않나요? 그럼 다시, R3에서 show ip eigrp topology 명령어를 사용하여 EIGRP 토폴로지를 확인하여 봅시다.

```
R3#sho ip eigrp topology
IP-EIGRP Topology Table for AS(123)/ID(1.1.3.3)

Codes: P - Passive, A - Active, U - Update, Q - Query, R - Reply,
       r - reply Status, s - sia Status

P 1.1.1.0/24, 1 successors, FD is 2809856
       via 1.1.23.2 (2809856/2297856), Serial1/0.23
P 1.1.2.0/24, 1 successors, FD is 2297856
       via 1.1.23.2 (2297856/128256), Serial1/0.23
P 1.1.3.0/24, 1 successors, FD is 128256
       via Connected, Loopback0
P 1.1.12.0/24, 1 successors, FD is 2681856
       via 1.1.23.2 (2681856/2169856), Serial1/0.23
P 1.1.23.0/24, 1 successors, FD is 2169856
       via Connected, Serial1/0.23
```

위처럼 1.1.12.0/24 네트워크는 R3과는 전혀 관계없는 네트워크임에도 불구하고 같은 AS내에서 서로 연결되어 있기 때문에 서로 인접성을 갖추고 네이버 관계는 성립하지 않지만 서로 정보는 주고받게 됩니다. 그럼 요번에는 R2에서 show ip eigrp 123 neighbors 명령어를 사용하여 AS 123에 대한 네이버 관계를 확인하여 보고 show ip route 명령어로 reachable(도달할 수 있는) 네트워크를 확인하여 봅시다.

```
R2#show ip eigrp 123 neighbors
IP-EIGRP neighbors for process 123
H  Address         Interface    Hold    Uptime    SRTT    RTO   Q    Seq
                                (sec)   (ms)                        Cnt  Num
1  1.1.23.3        Se1/0.23     11      00:01:13  758     4548  0    4
0  1.1.12.1        Se1/0.12     14      00:19:14  108     648   0    6
R2#show ip route

     1.0.0.0/24 is subnetted, 5 subnets
D        1.1.1.0 [90/2297856] via 1.1.12.1, 00:22:49, Serial1/0.12
C        1.1.2.0 is directly connected, Loopback0
D        1.1.3.0 [90/2297856] via 1.1.23.3, 00:04:50, Serial1/0.23
C        1.1.12.0 is directly connected, Serial1/0.12
C        1.1.23.0 is directly connected, Serial1/0.23
```

R2 에서 확인하면 위와 같이 R1과 R3에 대해서 네이버 관계를 성립하고 있는 상태로 확인하실 수 있습니다. 또한 라우팅 테이블에서 앞의 수식에 D라고 마크가 되어 있어서 EIGRP를 타고 넘어왔다는 것을 정확하게 명시해 주고 있습니다. 그럼 정적 경로와 마찬가지로 R1의 루프백 주소 1.1.1.1을 출발지로 잡고 R3의 루프백 주소 1.1.3.3 으로 핑을 쏴봅시다.

```
R1#ping 1.1.3.3 source 1.1.1.1

Type escape sequence to abort.
Sending 5, 100-byte ICMP Echos to 1.1.3.3, timeout is 2 seconds:
Packet sent with a source address of 1.1.1.1
!!!!!
Success rate is 100 percent (5/5), round-trip min/avg/max = 60/70/92 ms
```

이렇게 핑을 쏴논 상태에서 R3에 디버깅을 걸어보면,

```
*Mar  1 02:27:54.027: IP: s=1.1.1.1 (Serial1/0.23), d=1.1.3.3, len 100, rcvd 4
*Mar  1 02:27:54.031: ICMP: echo reply sent, src 1.1.3.3, dst 1.1.1.1
*Mar  1 02:27:54.031: IP: tableid=0, s=1.1.3.3 (local), d=1.1.1.1 (Serial1/0.23),
routed via FIB
*Mar  1 02:27:54.035: IP: s=1.1.3.3 (local), d=1.1.1.1 (Serial1/0.23), len 100, sending
*Mar  1 02:27:54.059: IP: s=1.1.3.3 (local), d=224.0.0.10 (Loopback0), len 60,
sending broad/multicast
```

이와 같이 IP 패킷 이 1.1.1.1에서 와서 1.1.3.3으로 온 것을 볼 수 있습니다. 또한 ICMP 패킷 답게 1.1.3.3이 다시 1.1.1.1으로 Reply(응답) 패킷을 보내주게 됩니다.

이제 한번 헬로우 주기를 바꿔 의도적으로 네이버 관계를 없애 보도록 하겠습니다. R2의 S1/0.12에서 명령어 ip hello-interval eigrp (AS) (헬로우 주기)를 이용하여 바꿔주도록 합시다.

```
R2(config)#int s 1/0.12
R2(config-subif)#ip hello-interval eigrp 123 30
*Mar  1 02:37:42.351: %DUAL-5-NBRCHANGE: IP-EIGRP(0) 123: Neighbor 1.1.12.1
(Serial1/0.12) is down: Interface Goodbye received
*Mar  1 02:38:16.627: %DUAL-5-NBRCHANGE: IP-EIGRP(0) 123: Neighbor 1.1.12.1
(Serial1/0.12) is up: new adjacency
*Mar  1 02:38:41.259: %DUAL-5-NBRCHANGE: IP-EIGRP(0) 123: Neighbor 1.1.12.1
(Serial1/0.12) is down: Interface Goodbye received
*Mar  1 02:38:45.863: %DUAL-5-NBRCHANGE: IP-EIGRP(0) 123: Neighbor 1.1.12.1
(Serial1/0.12) is up: new adjacency
```

이처럼 네이버 관계를 계속 맺었다 끊었다 하시는 걸 보실 수 있습니다. 그럼 다시 R1에서 헬로우 주기를 같은 30초로 맞춰 보도록 하겠습니다.

```
R1(config)#int s 1/0.12
R1(config-subif)#ip hello-interval eigrp 123 30
*Mar  1 02:40:52.935: %DUAL-5-NBRCHANGE: IP-EIGRP(0) 123: Neighbor 1.1.12.2
(Serial1/0.12) is down: holding time expired
*Mar  1 02:41:02.183: %DUAL-5-NBRCHANGE: IP-EIGRP(0) 123: Neighbor 1.1.12.2
(Serial1/0.12) is up: new adjacency
```

R1의 헬로우 주기를 R2와 같은 30초로 맞추면, 홀드 타임이 완료되자 마자 헬로우 패킷을 주고 받고 바로 새로운 네이버 관계를 성립하게 됩니다. 하지만 헬로우 주기가 홀드 타임의 15초를 초과 하므로 계속해서 네이버 관계가 끊기게 됩니다. 해당의 경우는 다시 홀드 타임을 헬로우 주기의 3배인 90초로 바꿔주시면 됩니다. 명령어는 인터페이스에서 ip hold-time eigrp (AS) (홀드 시간)입니다.

```
R1(config-subif)#ip hold-time eigrp 123 90
R2(config-subif)#ip hold-time eigrp 123 90
```

이처럼 헬로우 주기와 홀드 타임을 맞춰 주게 되면 안정적으로 다시 EIGRP 네이버 관계가 성립되게 됩니다.

다른 EIGRP의 고급 기술은 Professional 급의 내용이므로 Part2에 수록하였습니다. 그럼 다른 프로토콜실습을 위해 다이나밉스를 종료 하였다가 다시 켜서 3routers의 기본 설정을 복귀 시키도록 합시다.

7-4 간단한 RIPv2 설정

EIGRP가 마치 천덕꾸러기 같은 존재였다면 RIP은 묵직하나 유용한 파도 같은 존재입니다. RIPv2는 챕터 5에서 알아봤던 것과 같이 클래스리스 프로토콜로서 디스탠스 벡터 프로토콜 중 하나입니다. 그럼 요번에는 정말 초(!) 간단한 설정을 하고 RIPv2의 타이머 관계를 보도록 합시다.

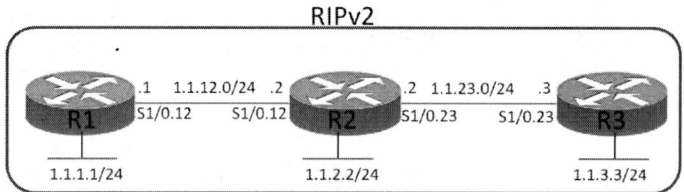

먼저 R1부터 설정해 보도록 합시다. EIGRP와 비슷하나 와일드 카드나 서브넷 마스크를 사용하지 않고 클래스 단위로 광고 하게 됩니다. 가령 1.1.1.0/24와 1.1.12.0/24는 A클래스에 속하는 1.0.0.0/8에 속하므로 1.0.0.0/8으로 광고하게 됩니다.

마찬가지로 C 클래스 192.168.X.0 /24도 24비트 형식으로 광고되게 됩니다. 그럼 한번 설정해 봅시다.

```
R1(config)#router rip
R1(config-router)#version 2
R1(config-router)#net 1.0.0.0

R2(config)#router rip
R2(config-router)#version 2
R2(config-router)#net 1.0.0.0

R3(config)#router rip
R3(config-router)#version 2
R3(config-router)#net 1.0.0.0

R1#show ip route

   1.0.0.0/24 is subnetted, 5 subnets
C    1.1.1.0 is directly connected, Loopback0
R    1.1.2.0 [120/1] via 1.1.12.2, 00:00:14, Serial1/0.12
R    1.1.3.0 [120/2] via 1.1.12.2, 00:00:14, Serial1/0.12
C    1.1.12.0 is directly connected, Serial1/0.12
R    1.1.23.0 [120/1] via 1.1.12.2, 00:00:14, Serial1/0.12
```

설정을 하게 되면 라우팅 테이블상에 R로 RIP을 가리키는 네트워크 정보가 생성됩니다. 그럼 타이머의 역할을 알아보기 위해서 한번 의도적으로 장애를 만들어 봅시다.

```
R2(config-router)#int s 1/0.23
R2(config-subif)#shutdown

R1#debug ip rip database
RIP database events debugging is on
*Mar  1 04:41:31.106: RIP-DB: Remove 1.1.3.0/24, (metric 4294967295) via 1.1.12.2, Serial1/0.12
*Mar  1 04:41:31.110: RIP-DB: Remove 1.1.23.0/24, (metric 4294967295) via 1.1.12.2, Serial1/0.12
*Mar  1 04:42:34.470: RIP-DB: garbage collect 1.1.3.0/24
*Mar  1 04:42:34.470: RIP-DB: garbage collect 1.1.23.0/24
```

위처럼 일정한 시간, 즉 홀드 타이머가 끝나는 시간에 정확히 garbage collect라는 폐기물(?)처리를 해갑니다.

RIP은 정말로 간단한 설정이 필요하지만 타이머라는 복잡한 규칙에 의해서 변화하는 프로토콜입니다. 만약 타이머를 잘못 설정하거나 예측하여 네트워크를 구성한다면 RIP은 클래스 별로 광고하기 때문에 가령 1.0.0.0의 모든 대역에 장애를 일으킬 수 있습니다. 그렇기에 RIP에는 신중한 네트워크 설계가 필요합니다.

Associate 단계에서는 RIPv2를 광고하고 타이머를 보는 것 정도만 필요합니다. 나머지 Triggered, 스플릿트 호리즌 등은 Professional 단계에서 다루도록 하겠습니다.

7-5 간단한 OSPF 실습

챕터 5에서 살펴본 OSPF 프로토콜에 대하여 실습해 보도록 하겠습니다. OSPF는 링크 스테이트 알고리듬으로서 subnet mask가 없는 classless에 속합니다. OSPF는 약간 설정하기가 모호하면서도 막상 설정해놓고 나면 참 편하게 돌아가는 녀석입니다. 청개구리 같다고나 할까요? OSPF는 OSPF ID와 Area로 나뉘어 작동하며 OSPF ID라는 큰 우물 안에 Area라는 작은 덩어리들이 있는 개념입니다. 그럼 본격적으로 다음과 같은 토폴로지를 직접 구성해 봅시다.

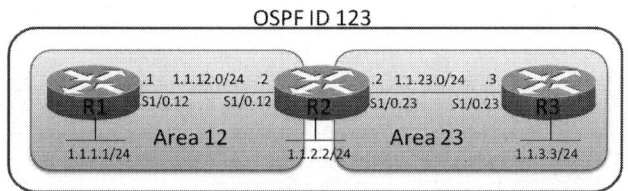

OSPF ID는 123으로서 R1, R2, R3가 모두 여기에 속하며 R1과 R2는 Area 12에, R2와 R3는 Area 23에 속하게 됩니다. 그럼 R1과 R2 사이를 먼저 구성해 봅시다. 명령어는 **router ospf (프로세스 ID)**입니다.

```
R1(config)#router ospf 123
R1(config-router)#router-id 1.1.1.1
R1(config-router)#network 1.1.12.1 0.0.0.255 area 12
R1(config-router)#network 1.1.1.1 0.0.0.255 area 12

R2(config)#router ospf 123
R2(config-router)#router-id 1.1.2.2
R2(config-router)#network 1.1.12.2 0.0.0.255 area 12
R2(config-router)#network 1.1.2.2 0.0.0.255 area 12
```

대부분의 설정은 EIGRP와 흡사합니다. 다만, 항상 와일드 카드 뒤에 area를 붙여서 어디서 구역에 속하는지 명시하여 주어야만 합니다. R2에서 그럼 라우팅 테이블을 체크해보고 OSPF 네이버 관계를 체크해 봅시다. 명령어는 각각 show ip route와 show ip ospf neighbor입니다.

```
R2#sho ip ospf neighbor

Neighbor ID      Pri   State       Dead Time   Address     Interface
1.1.1.1            0   FULL/ -     00:00:35    1.1.12.1    Serial1/0.12

R2#show ip route

    1.0.0.0/8 is variably subnetted, 4 subnets, 2 masks
O      1.1.1.1/32 [110/65] via 1.1.12.1, 00:02:15, Serial1/0.12
C      1.1.2.0/24 is directly connected, Loopback0
C      1.1.12.0/24 is directly connected, Serial1/0.12
C      1.1.23.0/24 is directly connected, Serial1/0.23
```

네이버 테이블에서는 R1의 router-id인 1.1.1.1이 네이버로 인식되며 라우팅 테이블에서는 1.1.1.1/32가 O라는 명칭으로 OSPF로 인식된 걸 확인하실 수 있습니다. 그럼 마찬가지로 R2와 R3 간의 Area 23 구역도 설정해 봅시다.

```
R2(config)#router ospf 123
R2(config-router)#network 1.1.23.2 0.0.0.255 area 23
R2(config-router)#network 1.1.2.2 0.0.0.255 area 23

R3(config)#router ospf 123
R3(config-router)#router-id 1.1.3.3
R3(config-router)#network 1.1.23.3 0.0.0.255 area 23
R3(config-router)#network 1.1.3.3 0.0.0.255 area 23
```

이렇게 area 23도 설정을 맞췄다면 이제 R2에서 명령어 show ip ospf database로 각 구역에 대해서 보고 갑시다.

```
R2#show ip ospf database

        OSPF Router with ID (1.1.2.2) (Process ID 123)

            Router Link States (Area 12)

Link ID   ADV Router   Age    Seq#         Checksum Link count
1.1.1.1   1.1.1.1      526    0x80000003   0x006CF5 3
1.1.2.2   1.1.2.2      515    0x80000003   0x004C11 3

            Router Link States (Area 23)

Link ID   ADV Router   Age    Seq#         Checksum Link count
1.1.2.2   1.1.2.2      108    0x80000002   0x0089D1 2
1.1.3.3   1.1.3.3      103    0x80000002   0x00053A 3
```

이와 같이 database 안에 있는 같은 OSPF ID에 있는 모든 Area에 대한 내용을 한눈에 확인할 수 있습니다. 또한 show ip ospf interface (인터페이스) 명령어로 원하는 인터페이스의 OSPF에 대한 상태를 알아볼 수 있습니다.

```
R2#show ip ospf interface serial 1/0.12
Serial1/0.12 is up, line protocol is up
  Internet Address 1.1.12.2/24, Area 12
  Process ID 123, Router ID 1.1.2.2, Network Type POINT_TO_POINT, Cost: 64
  Transmit Delay is 1 sec, State POINT_TO_POINT,
  Timer intervals configured, Hello 10, Dead 40, Wait 40, Retransmit 5
    oob-resync timeout 40
    Hello due in 00:00:00
  Index 1/1, flood queue length 0
  Next 0x0(0)/0x0(0)
  Last flood scan length is 1, maximum is 1
  Last flood scan time is 0 msec, maximum is 0 msec
  Neighbor Count is 1, Adjacent neighbor count is 1
    Adjacent with neighbor 1.1.1.1
  Suppress hello for 0 neighbor(s)
```

또한 OSPF에서는 Route-ID라는 각 라우터의 OSPF 프로토콜의 식별자를 사용합니다. Route-ID는 다음과 같은 스탭을 차례대로 거쳐 선정됩니다.

① Route-id 명령어를 직접 사용
② Loopback(루프백) Interface가 존재할 경우, 루프백 안의IP가 Route-id
③ 가장 큰 IP가 Route-id

만약 R3의 라우터 ID와 R1의 라우터 ID가 같다면 어떻게 될까요?

```
R3(config)#router ospf 123
R3(config-router)#router-id 1.1.1.1
R3(config-router)#end
R3#clear ip ospf 123 process
Reset OSPF process? [no]: yes

R2#clear ip ospf 123 process
Reset OSPF process? [no]: yes
R2#show ip ospf database

       OSPF Router with ID (1.1.2.2) (Process ID 123)

        Router Link States (Area 12)

Link ID     ADV Router  Age    Seq#        Checksum Link count
1.1.1.1     1.1.1.1     1174   0x80000003  0x006CF5  3
1.1.2.2     1.1.2.2     0      0x80000005  0x004813  3

        Router Link States (Area 23)

Link ID     ADV Router  Age    Seq#        Checksum Link count
1.1.1.1     1.1.1.1     9      0x80000003  0x0047FE  3
1.1.2.2     1.1.2.2     5      0x80000001  0x00DDEF  1
1.1.3.3     1.1.3.3     382    0x80000004  0x00013C  3
```

다음과 같이 R3의 router-id가 R1과 같아지더라도 Area가 틀리므로 크게 문제될 게 없고 Area 23에만 두 개의 ID로 표시됩니다. 일단 명령어를 직접 사용하였기 때문에 1.1.1.1이 올라왔고 그 후 루프백인 1.1.3.3 또한 자동으로 등록되었습니다. DB를 제외한 다른 곳에서는 1.1.1.1의 area 23이 R3의 라우터 ID로 표시됩니다.

여기까지가 말 그대로 아주 간단한 정적 및 동적 프로토콜 설정이었습니다. 조금 더 자세히 쓸 계획을 가지고 맨 처음 초판을 만들었으나, 초보 때 이해는 못하고 그저 설정을 보고 따라 하기 바빴던 나쁜 추억(?)이 생각나서 최소한 여러분들은 설정을 치는 것에

얽매이지 마시고 챕터 5의 이론을 먼저 이해하신 후 설정을 하시기 바랍니다.

더 심도 있는 내용은 챕터 1에서 추천 드린 책이나 Part2에서 찾아 보실 수 있습니다. Associate 급에서는 이 정도 이상의 컨피그 능력은 필요 없습니다.(Believe or not!) 다만 높은 마천루도 공구리가 제대로 쳐지지 않으면 무너지는 것처럼 네트워크 지식도 기초공사가 튼튼해야지만 나중에 Professional 급에 가서도 막힘없이 공부가 가능합니다.

그럼 앞의 설정들을 한번 따라서 컨피그래이션 해보시기 바랍니다. 다음 챕터는 지식보다는약간 저의 개인적인 이야기이므로 바쁘시다면 스킵해서도 무관합니다.

Chapter 8

골목길 이야기

골목길 하면 뭔가 따뜻한 느낌이 느껴지지 않나요? 예전에 제가 어렸을 때만 하여도 학교 끝나고 골목길에서 친구들과 떡볶이와 순대를 들고 술래잡기를 하였는데 요즘은 그런 따스한 문화가 없어진 것 같아서 제목을 이렇게 지어 봤습니다. 요번 챕터에서는 약간의 기술적인 이야기에서 벗어나서 세상 사는 이야기부터 시작하여, 개인적인 경험을 이야기해 보고자 합니다.

8-1 CCDE와 CCAr

2008년까지만 하여도 CCIE는 공식적으로 JNCIE와 함께 가장 힘든 IT 자격증으로 손꼽혀 왔습니다. 지금도 물론 힘든 자격증이기는 하지만, 예전에 비해 위상이 많이 떨어졌을 뿐만 아니라 상위 자격증도 나와버렸습니다. (TT) CCDE(Cisco Certified Design Expert)는 디자인 전문가 자격증으로 CCAr 을 준비하는 단계로 보셔도 무관합니다. CCIE 때 이미 설계된 망을 장애 없이 설치하는 것이었다면 CCDE에서는 망을 실질적으로 디자인(설계)하는 단계입니다. 우리가 많이 쓰는 라우터와 스위치뿐만 아니라 각종 서버 및 다른 네트워크 기기도 생각하여 디자인하여야 하기 때문에 비록 CCIE와 동급이라고는 하지만 CCDE는 전 세계에 2012년 기준 채 50명도 안 됩니다. 아직 한국분들 중에는 CCDE가 없습니다만 많이들 공부하시고 계십니다. 여담으로 CCIE가 천 명이 넘는 반면 CCDE가 없는 이유가 흔히들 우리나라의 사무직과 실무직의 분리 문화 때문에 그렇다고들 하십니다. 실무진들은 네트워크를 설치 및 관리하지만 사무직이 실질적인 네트워크 망을 설계해 버리고 예산을 담당하기 때문에 실무진들의 파워(?)가 감소되게 됩니다.

CCDE는 CCIE와 마찬가지로 리튼이라 불리는 필기를 합격하고 그 후 랩이라 불리는 실기 시험을 보실 수 있습니다. 실기의 경우 일 년에 6번 정도가 열리며. CCIE는 한 명의 시험자만 있어도 원하는 날짜와 장소에 자리만 있다면 볼 수 있지만, CCDE는 정해진 시간과 정해진 장소에서 그룹을 시험을 보게 됩니다. 통상 런던, 시카고, LA 등 세계의 몇몇 피어슨뷰 프로패셔널 테스트 센터에서만 열리며 시험 종료 후 10일 정도의 기간 후에 결과가 나옵니다.

재시험을 여느 시험과 마찬가지로 30일 후에 다시 재시험이 가능하지만 필기의 경우 180일의 텀을 가져야만 합니다. 또한 24개월(2년)마다 CCDE 필기를 봐서 재인증해줘야 합니다.

CCDE가 발표된 지 1년 후 시스코 시스템즈는 갑자기 2009년 7월에 CCAr이라는 자격증을 발표합니다. CCAr(Cisco Certified

Architect)는 시스코 자격증 프로그램 내에서 가장 상위 단계에 속하는 자격증으로 CCDE의 상위 단계라고 보실 수 있습니다. CCAr의 시험 요건은 CCDE 소지자이면서 동시에 15년 이상의 필드 경험을 가지고 있어야 되며 다음과 같은 의무를 가지게 됩니다.

- ▶ 네트워크 아키텍처 구축 및 발전
- ▶ 마켓 트렌드와 기술의 분석
- ▶ 네트워크 원리에 대한 성립
- ▶ 기술과 시스코 생산품에 대한 선택
- ▶ 네트워크에서 필요한 자원의 구별
- ▶ 네트워크 구축과 교육에 필요한 계획의 수립

자격증을 취득하기 위한 선행 요건도 만만치 않지만 무려 미화로 15,000달러란 시험비도 포함됩니다. 2012년 현재 CCAr은 총 3명 정도로 추산되며 2명은 시스코 시스탬즈의 직원이고 한 명은 아직 정확히 확인되지는 않았습니다.

여담으로 말씀드리자면 흔히 CCIE는 부장급, CCDE는 이사급 CCAr은 사장급이라고 말씀들 하십니다. CCIE는 흔히 이미 설계된 망을 구축하는데 총 지휘자라면 CCDE 는 해당의 망을 설계하고 다시 CCAr은 설계 과정에서 총지휘를 책임지게 됩니다. 건축에서 공구리(?)로 말해보자면

CCIE는 현장감독
CCDE는 건축가
CCAr은 건축회사 사장

정도가 됩니다. 약 10년 전에 CCIE가 있으면 흔히 억대 연봉자가 되었지만 지금은 CCDE가 억대 연봉자이고 CCAr은 대기업 이사급의 연봉을 받게 됩니다. 참고적으로 아직까지 한국 사람들 중 CCDE와 CCAr은 전무합니다. CCDE는 아직 공부하시는 분이 없다고 칠 수 있지만, CCAr은 한국에서 실질적으로 불가능한 여건입니다. 15년의 경력 중 정말로 엔지니어로서 15년을 한국에서 보내는 건 거의 불가능합니다. 대학을 20대 중반에 졸업하고 군대에서 2년 보내고 취직을 하게 되면 30대인데 이때부터 40대 후반까지 엔지니어로 남는 경우는 거의 드물기 때문입니다. 대부분 실무직보다는 사무직으로 넘어가며 이에 따라 더 많은 기회를 원하시는 분들은 해외로 가능성을 찾아 넘어가고 있습니다. L 해외 시장은 3섹션에서 다시 한 번 말씀 드리도록 하겠습니다.

8-2 미래 시장

미래 시장이라 하여 뭔가 큰 걸 기대하셨다면 죄송합니다. 8.2에서는 한번 미래 시장에 논해보고 싶었습니다. 컴퓨터, 정확히 네트워크라는 분야는 탄생 된지 채 20여 년이 되지 않았습니다. 하지만, TCP/IP에서부터 지금은 Nexus 솔루션에 이르기까지 네트워크 시장은 다른 시장과 다르게 빛(?)의 속도로 진화해 왔습니다.

인텔 설립자인 모어 분께서 정의하신 '모어의 법칙'처럼 1년 6개월마다 반도체의 역량은 2배가 되어왔습니다. 그러한 하드웨어적 발전에 힘입어 네트워크도 비약적인 발전을 이루어 왔습니다. 불과 5년 전까지만 하여도 네트워크 시장은 주로 SP와 보안 등 다소 1세대(?)적인 시장이었으나, 지금은 2세대적인 시장인 통합 네트워크 솔루션의 카테고리 안에 드는 클라우딩 시스템, 보이스, 가상화 등이 있습니다. J 가상화야 컴퓨터에 관심이 있으면 아시는 VM웨어가 대표적이며, 클라우딩 시스템은 하드웨어적 소프트웨어적 발전 단계에 있습니다. 보이스의 경우는 현재 IP Phone을 사용한 070 서비스가 대표적입니다. 그럼 이제 한번 본 질문으로 들어가 봅시다.

미래에는 어떤 것이 사용될까?

요번 8.2는 이 질문 하나에서 나온 섹션입니다. 한번 생각해 봅시다. 얼마 전 여수 EXPO를 가니 미래 비전에 대해서 H사와 S사가 발표를 하더라고요. 일단 최근에 트랜드를 한번 생각해봅시다. 요즘은 대다수의 집이 1PC 내지 2PC를 가지고 있습니다. 또한 IPtv, IP 전화, 유비쿼터스 등 대부분의 전자기기가 네트워크에 의존하고 있습니다. 그리고 또한 우리가 흔히 쓰는 네비게이션 또한 네트워크에 의존하고 있으며 이러한 기기는 1세대 또는 2세대로 치부됩니다. 그럼 3세대는 어떤 것일까요?

간단합니다. 3세대는 모든 통합 네트워크 솔루션입니다. 가령 최근 미국에서 시행되고 있는 최신 운전 면허증의 경우 생체 인식칩을 삽입하여 미국 내에서 모든 사람의 정보가 추적되며 위치 추적은 물론 신분을 이용한 대여도 가능합니다. 그렇담 이제 3세대에 대한 대략적인 그림이 나오게 됩니다. 클라우딩 및 가상화를 이용하여 자원을 아끼는 동시에 모든 기기(PC부터 자동차, 비행기 까지)를 한 센터에서 통합 관리하지만 한 사람이 하나의 신분증을 가지고도 모든 기기에 원격 접속할 수 있는 시대가 3세대가 나오게 됩니다.

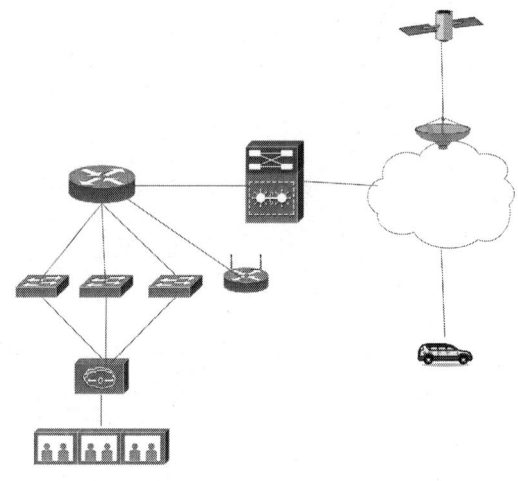

다음과 같이 기본 있는 네트워크 망을 이용하여 클라우딩 시스템을 만드는 구도로 나갈 것입니다. 자동차 및 모든 대부분의 시스템이 네트워크에 커넥트되어 사용되는 구조입니다. 편리함을 얻을 수도 있지만, 반면 중앙 서버가 클랙당한다면 결과적으로 거의 국가 기반 네트워크가 한 사람의 손에 들어가는 환장하는 사건이 발생하여 버립니다. 그럼 미래 시장은 어떤 것에 주력하게 될까요?

① 보안: 모든 네트워크
② 가상화: 리소스 세이브
③ 무선: 외부 접속이 용의

이 정도에 주력하게 될 것입니다. 아무래도 주관적인 입장에서 서술한 것이다 보니 백 퍼센트 맞아 떨어 지지는 않을 것이지만 현재 트랜드만 봐도 이 정도의 구도로 흘러가고 있다는 것을 볼 수 있습니다. 가령 Google Drive의 경우나 iCloud 의 경우도 클라우딩 시스템을 이용하여 임배이드 시스템을 합성화한 방식으로 사용되고 있습니다. 그럼 독자 여러분들은 R&S는 기본이지만 시간이 있을 때 틈틈이 보안 가상화 무선 등을 더 공부하신다면 미래에 리딩 네트워커가 되실 수 있습니다.

8-3 한국 vs 해외

보통 네트워크를 공부하다가 취직할 때가 되면 한국에서 취직하나 아님 해외에서 취직하나 많이들 고민을 하십니다. 물론 언어가 되면 해외에서 취직하는 게 더 좋으나 꼭 좋은 것은 아닙니다.

국내의 경우 장점으로서는, 4대 보험, 각종 신기술의 빠른 진보, 언어의 소통 등이 있지만, 연봉이 짜거나, 월화수목금금금으로 칭해지는 3D 직종으로 여겨집니다. 그리고 회식 문화 등 다른 직종에서도 부딪치는 단점 등이 있습니다.

해외의 경우 높은 연봉, 미래 가능성, 칼퇴근(!), 프로젝트의 부담성이 낮다는 장점이 있지만 해외에서 생활하는 만큼 생활비도 많이 나가고 또한 언어의 불편함도 감수하여야 합니다. 그래서 주로 많은 분들이 외국계 한국기업에 들어가게 됩니다.

가령 미국의 최대 통신 회사인 A사의 경우 대다수 네트워커의 최고 직업으로 일컬어지며 C사의 경우도 해외에서 트레이닝을 받고 이직이 자유롭다는 장점으로 인해서 많이들 선택하십니다.

물론 여러분의 자유이긴 하지만, 한국에서 어느 정도 경력을 쌓으시고 석사 정도를 해외에서 취득하신 후 해외에서 큰 기업에서 프로젝트를 이끄시는 전문가가 되시는 게 가장 이상적인 방법으로 생각됩니다.

8-4 저자가 톡 까놓고 하는 말

요번 섹션에서는 한번 그 동안 책이라는 제한 때문에 못해본 이야기를 해보고 싶습니다. 요번 책을 작성하면서도 많이 배운 것도 있지만 많이 안타까운 점도 있었습니다. 가령 OSPF라는 프로토콜이 몇 페이지에 커버해서는 안 되는 프로토콜이지만 책이라는 제한 때문에 어쩔 수 없이 그렇게 된 거를 시작으로 최대한 초보자 여러분께 알맞은 내용을 담으려고 하였지만 네트워크라는 전문 필드를 이야기하다 보니 다소 난해한 내용도 쉽게 풀어 쓰지 못한 점도 있네요.

솔직히 네트워크라는 것이 백 날 남이 설명해준다고 익혀지는 것도 아니고 혼자서 정말 미친듯이 해야지만 익혀지는 필드입니다. 가령 "내가 OSPF를 정복해 보겠네, 동무." 이런다면, 미국의 WIKI부터 시작하여 제가 앞서 설명 드린 각종 커뮤니티 사이트에 OSPF만 입력하여도 수두룩한 정보가 나오며 또한 각종 네트워크 책은 PDF로도 약간 어둠의 경로로 많이들 퍼져 있습니다. 주로 토렌토나 N사의 메신저 공유 프로그램을 사용하여 서로 공유하십시오.

차후 그런 도움이 되는 네트워크 공부 자료는 구글 드라이브에 업데이트하도록 하겠습니다. 해당 책은 Part1에 속하며 Part 2에서는 정말 Professional 급 정도에 맞는 전문 책을 써보도록 하겠습니다.

혹시 오타나 틀린 내용이 있을 시 leenetwork@naver.com으로 연락주세요.

또한 리뷰를 올려주시면 추첨을 통하여 Part2 출시 시 책을 먼저 선물해 드리도록 하겠습니다.

May the Odds be ever in Your Favor
From Hyunjong Joseph Lee.

Chapter 9

부록

9-1
서브넷팅 문제 해설

> 이사장 김사장 박사장 정사장 왕사장이 가라사대
> 이사장: 나는 192.23.2.97주소를 원하고 우리 사무실에는 나포함 2명이야
> 김사장: 나는 202.202.202.11 주소를 원하고 우리 사무실에는 나포함 4명이야
> 박사장: 나는 211.63.64.37 주소를 원하고 우리 사무실에는 나포함 7명이야
> 정사장: 나는 198.41.24.147 주소를 원하고 우리 사무실에는 나포함 57명이야
> 왕사장: 나는 행운의 숫자 199.7.7.77 주소를 원한다 해~ 그리고 사무실은 무역업 이니 만큼 100명이 넘는다 해 ~

챕터 4의 표에서 보시면, 이사장은 사용 가능 호스트가 4(2+2)개, 김사장은 6(4+2)개, 박사장은 9(7+2)개, 정사장은 59(57+2)개, 왕사장은 102(100+2)개가 최소 필요합니다. 그러므로 각각 /30, /29, /28, /26, /25로 서브넷을 정의하여 만들어 본다면,

사장	네트워크 ID	서브넷 마스크	사용 가능 호스트	호스트 ID
이사장	192.23.2.96	255.255.255.252 (/30)	192.23.2.97 ~ 192.23.2.98	192.23.2.99
김사장	202.202.202.8	255.255.255.248 (/29)	202.202.202.9 ~ 202.202.202.14	202.202.202.15
박사장	211.63.64.32	255.255.255.240 (/28)	211.63.64.33 ~ 211.63.64.46	211.63.64.47
정사장	198.41.24.128	255.255.255.192 (/26)	192.41.24.129 ~ 198.41.24.190	198.41.24.191
왕사장	199.7.7.0	255.255.255.128 (/25)	199.7.7.1 ~ 199.7.7.126	199.7.7.127

이렇게 표가 나오게 됩니다.

9-2

9routers_4switches 넷파일 맵핑

▶ 라우터-스위치 포트 맵핑

라우터	포트 번호	스위치	포트 번호
R1	F0/0	SW1	F1/1
R1	F0/1	SW2	F1/1
R2	F0/0	SW1	F1/2
R2	F0/1	SW2	F1/2
R3	F0/0	SW1	F1/3
R3	F0/1	SW2	F1/3
R4	F0/0	SW1	F1/4
R4	F0/1	SW2	F1/4
R5	F0/0	SW1	F1/5
R5	F0/1	SW2	F1/5
R6	F0/0	SW1	F1/6
R6	F0/1	SW2	F1/6
R7	F0/0	SW1	F1/7
R7	F0/1	SW2	F1/7
R8	F0/0	SW1	F1/8
R8	F0/1	SW2	F1/8
R9	F0/0	SW1	F1/9
R9	F0/1	SW2	F1/9

▶ 스위치-스위치 포트 맵핑

스위치	포트 번호	스위치	포트 번호
SW1	F1/10	SW2	F1/10
SW1	F1/11	SW2	F1/11
SW1	F1/12	SW3	F1/12
SW1	F1/13	SW3	F1/13
SW1	F1/14	SW4	F1/14
SW1	F1/15	SW4	F1/15
SW2	F1/14	SW3	F1/14
SW2	F1/15	SW3	F1/15
SW2	F1/12	SW4	F1/12
SW2	F1/13	SW4	F1/13
SW3	F1/10	SW4	F1/10
SW3	F1/11	SW4	F1/11

▶ FR 포트 맵핑

라우터	포트 번호	스위치	포트 번호
R1	S0/0	FR	1
R1	S0/1	FR	11
R2	S0/0	FR	2
R2	S0/1	FR	12
R3	S0/0	FR	3
R3	S0/1	FR	13
R4	S0/0	FR	4
R4	S0/1	FR	14
R5	S0/0	FR	5
R5	S0/1	FR	15
R6	S0/0	FR	6
R6	S0/1	FR	16

R7	S0/0	FR	7
R7	S0/1	FR	17
R8	S0/0	FR	8
R8	S0/1	FR	18
R9	S0/0	FR	9
R9	S0/1	FR	19

▶ DLCI 맵핑 S1/0 to S1/0

해당 라우터	DLCI 값	상대 라우터	DLCI 값	해당 라우터	DLCI 값	상대 라우터	DLCI 값
R1	102	R2	201	R3	307	R7	703
R1	103	R3	301	R3	308	R8	803
R1	104	R4	401	R3	309	R9	903
R1	105	R5	501	R4	405	R5	504
R1	106	R6	601	R4	406	R6	604
R1	107	R7	701	R4	407	R7	704
R1	108	R8	801	R4	408	R8	804
R1	109	R9	901	R4	409	R9	904
R2	203	R3	302	R5	506	R6	605
R2	204	R4	402	R5	507	R7	705
R2	205	R5	502	R5	508	R8	805
R2	206	R6	602	R5	509	R9	905
R2	207	R7	702	R6	607	R7	706
R2	208	R8	802	R6	608	R8	806
R2	209	R9	902	R6	609	R9	906
R3	304	R4	403	R7	708	R8	807
R3	305	R5	503	R7	709	R9	907
R3	306	R6	603	R8	809	R9	908

▶ DLCI 맵핑 S1/1 to S1/0

해당 라우터	DLCI 값	상대 라우터	DLCI 값	해당 라우터	DLCI 값	상대 라우터	DLCI 값
R1	112	R2	201	R3	317	R7	703
R1	113	R3	301	R3	318	R8	803
R1	114	R4	401	R3	319	R9	903
R1	115	R5	501	R4	415	R5	504
R1	116	R6	601	R4	416	R6	604
R1	117	R7	701	R4	417	R7	704
R1	118	R8	801	R4	418	R8	804
R1	119	R9	901	R4	419	R9	904
R2	213	R3	302	R5	516	R6	605
R2	214	R4	402	R5	517	R7	705
R2	215	R5	502	R5	518	R8	805
R2	216	R6	602	R5	519	R9	905
R2	217	R7	702	R6	617	R7	706
R2	218	R8	802	R6	618	R8	806
R2	219	R9	902	R6	619	R9	906
R3	314	R4	403	R7	718	R8	807
R3	315	R5	503	R7	719	R9	907
R3	316	R6	603	R8	819	R9	908

▶ DLCI 맵핑 S1/1 to S1/1

해당 라우터	DLCI 값	상대 라우터	DLCI 값	해당 라우터	DLCI 값	상대 라우터	DLCI 값
R1	112	R2	211	R3	317	R7	713
R1	113	R3	311	R3	318	R8	813ㅌ
R1	114	R4	411	R3	319	R9	913
R1	115	R5	511	R4	415	R5	514
R1	116	R6	611	R4	416	R6	614
R1	117	R7	711	R4	417	R7	714

R1	118	R8	811	R4	418	R8	814
R1	119	R9	911	R4	419	R9	914
R2	213	R3	312	R5	516	R6	615
R2	214	R4	412	R5	517	R7	715
R2	215	R5	512	R5	518	R8	815
R2	216	R6	612	R5	519	R9	915
R2	217	R7	712	R6	617	R7	716
R2	218	R8	812	R6	618	R8	816
R2	219	R9	912	R6	619	R9	916
R3	314	R4	413	R7	718	R8	817
R3	315	R5	513	R7	719	R9	917
R3	316	R6	613	R8	819	R9	918

9-3 14routers 넷파일 맵핑

▶ 라우터-스위치 포트 맵핑

라우터	포트 번호	스위치	포트 번호
R1	F0/0	SW1	F1/1
R1	F0/1	SW2	F1/1
R2	F0/0	SW1	F1/2
R2	F0/1	SW2	F1/2
R3	F0/0	SW1	F1/3
R3	F0/1	SW2	F1/3
R4	F0/0	SW1	F1/4
R4	F0/1	SW2	F1/4
R5	F0/0	SW1	F1/5
R5	F0/1	SW2	F1/5
R6	F0/0	SW1	F1/6
R6	F0/1	SW2	F1/6
R7	F0/0	SW1	F1/7
R7	F0/1	SW2	F1/7
R8	F0/0	SW1	F1/8
R8	F0/1	SW2	F1/8
R9	F0/0	SW1	F1/9
R9	F0/1	SW2	F1/9
R10	F0/0	SW1	F1/10
R10	F0/1	SW2	F1/10
R11	F0/0	SW1	F1/11
R11	F0/1	SW2	F1/11

R12	F0/0	SW1	F1/12
R12	F0/1	SW2	F1/12
R13	F0/0	SW1	F1/13
R13	F0/1	SW2	F1/13
R14	F0/0	SW1	F1/14
R14	F0/1	SW2	F1/14

▶ 스위치-스위치 포트 맵핑

스위치	포트 번호	스위치	포트 번호
SW1	F2/1	SW2	F2/1
SW1	F2/2	SW2	F2/2
SW1	F2/3	SW3	F2/3
SW1	F2/4	SW3	F2/4
SW1	F2/11	SW4	F2/11
SW1	F2/12	SW4	F2/12
SW2	F2/11	SW3	F2/11
SW2	F2/12	SW3	F2/12
SW2	F2/3	SW4	F2/3
SW2	F2/4	SW4	F2/4
SW3	F2/1	SW4	F2/1
SW3	F2/2	SW4	F2/2
SW3	F2/5	SW5	F2/5
SW3	F2/6	SW5	F2/6
SW3	F2/13	SW6	F2/13
SW3	F2/14	SW6	F2/14
SW4	F2/13	SW5	F2/13
SW4	F2/14	SW5	F2/14
SW4	F2/5	SW6	F2/5
SW4	F2/6	SW6	F2/6
SW5	F2/1	SW6	F2/1
SW5	F2/2	SW6	F2/2

▶ FR 포트 맵핑

라우터	포트 번호	스위치	포트 번호
R1	S0/0	FR	1
R1	S0/1	FR	101
R2	S0/0	FR	2
R2	S0/1	FR	102
R3	S0/0	FR	3
R3	S0/1	FR	103
R4	S0/0	FR	4
R4	S0/1	FR	104
R5	S0/0	FR	5
R5	S0/1	FR	105
R6	S0/0	FR	6
R6	S0/1	FR	106
R7	S0/0	FR	7
R7	S0/1	FR	107
R8	S0/0	FR	8
R8	S0/1	FR	108
R9	S0/0	FR	9
R9	S0/1	FR	109
R10	S0/0	FR	10
R10	S0/1	FR	1010
R11	S0/0	FR	11
R11	S0/1	FR	1011
R12	S0/0	FR	12
R12	S0/1	FR	1012
R13	S0/0	FR	13
R13	S0/1	FR	1013
R14	S0/0	FR	14
R14	S0/1	FR	1014

▶ DLCI 맵핑 S1/0 to S1/0

해당 라우터	DLCI 값	상대 라우터	DLCI 값	해당 라우터	DLCI 값	상대 라우터	DLCI 값
R1	1002	R2	2001	R5	5006	R6	6005
R1	1003	R3	3001	R5	5007	R7	7005
R1	1004	R4	4001	R5	5008	R8	8005
R1	1005	R5	5001	R5	5009	R9	9005
R1	1006	R6	6001	R5	5010	R10	10005
R1	1007	R7	7001	R5	5011	R11	11005
R1	1008	R8	8001	R5	5012	R12	12005
R1	1009	R9	9001	R5	5013	R13	13005
R1	1010	R10	10001	R5	5014	R14	14005
R1	1011	R11	11001	R6	6007	R7	7006
R1	1012	R12	12001	R6	6008	R8	8006
R1	1013	R13	13001	R6	6009	R9	9006
R1	1014	R14	14001	R6	6010	R10	10006
R2	2003	R3	3002	R6	6011	R11	11006
R2	2004	R4	4002	R6	6012	R12	12006
R2	2005	R5	5002	R6	6013	R13	13006
R2	2006	R6	6002	R6	6014	R14	14006
R2	2007	R7	7002	R7	7008	R8	8007
R2	2008	R8	8002	R7	7009	R9	9007
R2	2009	R9	9002	R7	7010	R10	10007
R2	2010	R10	10002	R7	7011	R11	11007
R2	2011	R11	11002	R7	7012	R12	12007
R2	2012	R12	12002	R7	7013	R13	13007
R2	2013	R13	13002	R7	7014	R14	14007
R2	2014	R14	14002	R8	8009	R9	9008
R3	3004	R4	4003	R8	8010	R10	10008
R3	3005	R5	5003	R8	8011	R11	11008
R3	3006	R6	6003	R8	8012	R12	12008
R3	3007	R7	7003	R8	8013	R13	13008
R3	3008	R8	8003	R8	8014	R14	14008

R3	3009	R9	9003	R9	9010	R10	10009
R3	3010	R10	10003	R9	9011	R11	11009
R3	3011	R11	11003	R9	9012	R12	12009
R3	3012	R12	12003	R9	9013	R13	13009
R3	3013	R13	13003	R9	9014	R14	14009
R3	3014	R14	14003	R10	10011	R11	11010
R4	4005	R5	5004	R10	10012	R12	12010
R4	4006	R6	6004	R10	10013	R13	13010
R4	4007	R7	7004	R10	10014	R14	14010
R4	4008	R8	8004	R11	11012	R12	12011
R4	4009	R9	9004	R11	11013	R13	13011
R4	4010	R10	10004	R11	11014	R14	14011
R4	4011	R11	11004	R12	12013	R13	13012
R4	4012	R12	12004	R12	12014	R14	14012
R4	4013	R13	13004	R13	13014	R14	14013
R4	4014	R14	14004				

▶ DLCI 맵핑 S1/1 to S1/0

해당 라우터	DLCI 값	상대 라우터	DLCI 값	해당 라우터	DLCI 값	상대 라우터	DLCI 값
R1	1102	R2	2001	R5	5106	R6	6005
R1	1103	R3	3001	R5	5107	R7	7005
R1	1104	R4	4001	R5	5108	R8	8005
R1	1105	R5	5001	R5	5109	R9	9005
R1	1106	R6	6001	R5	5110	R10	10005
R1	1107	R7	7001	R5	5111	R11	11005
R1	1108	R8	8001	R5	5112	R12	12005
R1	1109	R9	9001	R5	5113	R13	13005
R1	1110	R10	10001	R5	5114	R14	14005
R1	1111	R11	11001	R6	6107	R7	7006
R1	1112	R12	12001	R6	6108	R8	8006
R1	1113	R13	13001	R6	6109	R9	9006
R1	1114	R14	14001	R6	6110	R10	10006
R2	2103	R3	3002	R6	6111	R11	11006
R2	2104	R4	4002	R6	6112	R12	12006
R2	2105	R5	5002	R6	6113	R13	13006
R2	2106	R6	6002	R6	6114	R14	14006
R2	2107	R7	7002	R7	7108	R8	8007
R2	2108	R8	8002	R7	7109	R9	9007
R2	2109	R9	9002	R7	7110	R10	10007
R2	2110	R10	10002	R7	7111	R11	11007
R2	2111	R11	11002	R7	7112	R12	12007
R2	2112	R12	12002	R7	7113	R13	13007
R2	2113	R13	13002	R7	7114	R14	14007
R2	2114	R14	14002	R8	8109	R9	9008
R3	3104	R4	4003	R8	8110	R10	10008
R3	3105	R5	5003	R8	8111	R11	11008
R3	3106	R6	6003	R8	8112	R12	12008
R3	3107	R7	7003	R8	8113	R13	13008
R3	3108	R8	8003	R8	8114	R14	14008

R3	3109	R9	9003	R9	9110	R10	10009
R3	3110	R10	10003	R9	9111	R11	11009
R3	3111	R11	11003	R9	9112	R12	12009
R3	3112	R12	12003	R9	9113	R13	13009
R3	3113	R13	13003	R9	9114	R14	14009
R3	3114	R14	14003	R10	11111	R11	11010
R4	4105	R5	5004	R10	11112	R12	12010
R4	4106	R6	6004	R10	11113	R13	13010
R4	4107	R7	7004	R10	11114	R14	14010
R4	4108	R8	8004	R11	11112	R12	12011
R4	4109	R9	9004	R11	11113	R13	13011
R4	4110	R10	10004	R11	11114	R14	14011
R4	4111	R11	11004	R12	12113	R13	13012
R4	4112	R12	12004	R12	12114	R14	14012
R4	4113	R13	13004	R13	13114	R14	14013
R4	4114	R14	14004				

▶ DLCI 맵핑 S1/1 to S1/1

해당 라우터	DLCI 값	상대 라우터	DLCI 값	해당 라우터	DLCI 값	상대 라우터	DLCI 값
R1	1102	R2	2101	R5	5106	R6	6105
R1	1103	R3	3101	R5	5107	R7	7105
R1	1104	R4	4101	R5	5108	R8	8105
R1	1105	R5	5101	R5	5109	R9	9105
R1	1106	R6	6101	R5	5110	R10	10105
R1	1107	R7	7101	R5	5111	R11	11105
R1	1108	R8	8101	R5	5112	R12	12105
R1	1109	R9	9101	R5	5113	R13	13105
R1	1110	R10	10101	R5	5114	R14	14105
R1	1111	R11	11101	R6	6107	R7	7106
R1	1112	R12	12101	R6	6108	R8	8106
R1	1113	R13	13101	R6	6109	R9	9106
R1	1114	R14	14101	R6	6110	R10	10106
R2	2103	R3	3102	R6	6111	R11	11106
R2	2104	R4	4102	R6	6112	R12	12106
R2	2105	R5	5102	R6	6113	R13	13106
R2	2106	R6	6102	R6	6114	R14	14106
R2	2107	R7	7102	R7	7108	R8	8107
R2	2108	R8	8102	R7	7109	R9	9107
R2	2109	R9	9102	R7	7110	R10	10107
R2	2110	R10	10102	R7	7111	R11	11107
R2	2111	R11	11102	R7	7112	R12	12107
R2	2112	R12	12102	R7	7113	R13	13107
R2	2113	R13	13102	R7	7114	R14	14107
R2	2114	R14	14102	R8	8109	R9	9108
R3	3104	R4	4103	R8	8110	R10	10108
R3	3105	R5	5103	R8	8111	R11	11108
R3	3106	R6	6103	R8	8112	R12	12108
R3	3107	R7	7103	R8	8113	R13	13108
R3	3108	R8	8103	R8	8114	R14	14108

R3	3109	R9	9103	R9	9110	R10	10109
R3	3110	R10	10103	R9	9111	R11	11109
R3	3111	R11	11103	R9	9112	R12	12109
R3	3112	R12	12103	R9	9113	R13	13109
R3	3113	R13	13103	R9	9114	R14	14109
R3	3114	R14	14103	R10	11111	R11	11110
R4	4105	R5	5104	R10	11112	R12	12110
R4	4106	R6	6104	R10	11113	R13	13110
R4	4107	R7	7104	R10	11114	R14	14110
R4	4108	R8	8104	R11	11112	R12	12111
R4	4109	R9	9104	R11	11113	R13	13111
R4	4110	R10	10104	R11	11114	R14	14111
R4	4111	R11	11104	R12	12113	R13	13112
R4	4112	R12	12104	R12	12114	R14	14112
R4	4113	R13	13104	R13	13114	R14	14113
R4	4114	R14	14104				

References

The Following Books are referred to review:

피터 전, 랜 스위칭1, 네버스탑, **2009, 478**

피터 전, 랜 스위칭 2, 네버스탑, **2010, 437**

피터 전, IP 라우팅, 네버스탑, **2011, 875**

피터 전, 다이나밉스, 네버스탑, **2010, 464**

Odom, Wendell, CCNP ROUTE 642-902 Official Certification Guide, Cisco Press, 2011, 768

Hucaby, David, CCNP SWITCH 642-813 Official Certification Guide, Cisco Press, 2011, 504

Wallace Kavin, CCNP TSHOOT 642-832 Official Certification Guide, Cisco Press, 2011, 552

크리스 샌더스, 와이어샤크를 활용한 실전 패킷 분석, 에이콘 출판사, **2012, 368**

정윤찬, 홍영진, Data Communication and Networks, 에듀 컨텐츠, **2009, 234**

황석훈, 네트워크 이론과 해킹 기법, 혜지원, **2002, 776**

Odom, Wendell/ Healys Rus/ Donohue, Denise, CCIE Routing and Switching Exam Certification Guide (Paperback / 4th Ed.), Cisco Press, 2009, 1200

진강훈, 후니의 쉽게 쓴 시스코 네트워킹 3판, **2011, 776**

스티븐 맥커리, CCNA ICND1, 피어슨에듀케이션코리아, **2009, 559**

스티븐 맥커리, CCNA ICND 2, 피어슨에듀케이션코리아, **2009, 443**

The Following Websites are referred to review:

RFC1058 at http://tools.ietf.org/html/rfc1058 (RIP Version 1)

RFC2453 at http://tools.ietf.org/html/rfc2453 (RIP Version 2)

Enhanced Interior Gateway Routing Protocol at http://www.cisco.com/en/US/tech/tk365/technologies_white_paper09186a0080094cb7.shtml#feasibleandreported (EIGRP)

RFC1131 at http://www.rfc-editor.org/rfc/rfc1131.pdf (OSPF Version 1)

RFC2328 at http://tools.ietf.org/html/rfc2328 (OSPF Version 2)

RFC5340 at http://tools.ietf.org/html/rfc5340 (OSPF Version 3)

RFC1771 at http://tools.ietf.org/html/rfc1771 (BGP-1)

www.cisco.com

www.juniper.net

Hyunjong Lee is certified under the CCIETM program; CCIE No. 25158

This material is not sponsored or endorsed by Cisco Systems, Inc. Cisco, Cisco Systems, CCIE and the CCIE Logo are trademarks of Cisco Systems, Inc. and its affiliates.

RFT denotes A note on Internet Request for Comments (RFCs)